우울증이 있는 아동 · 청소년
_우울한 감정으로 힘들어하는 아이를 어떻게 도울 것인가?

| 아동과 청소년 문제해결 시리즈 8 |

우울증이 있는
아동 · 청소년

우울한 감정으로 힘들어하는 아이를
어떻게 도울 것인가?

김유숙 · 이진영 지음

이너북스

'우울증'은
우리에게 더 이상 생소한 용어가 아니다. 우울증이 자살에 영향
을 미친다는 것이 알려지면서 이제는 국가 차원에서도 관심을 갖
고 관리하고 있다. 세계보건기구who에서도 우울증을 치명적인 질
병으로 명시하고 있는 만큼 우울증은 우리나라뿐만 아니라 세계
적인 주요 문제이기도 하다. 특히 우울증은 모든 연령에서 발병
가능성이 높기 때문에 관심이 높다. 아동기나 청소년기도 예외는
아니며, 청소년기에 주요 우울장애의 발병 가능성이 매우 높아진
다고 알려져 있다. 특히 우울증으로 인해 자살을 선택하는 아동과
청소년이 매년 늘어나고 있다는 통계 자료를 접하면서 이들의 우
울증에 대해서도 결코 가볍게 여길 문제가 아니라는 것을 깨닫게
된다.

우울증에 대한 높은 관심 덕분에 이에 대한 다양한 연구가 진행되었고 우울증과 관련된 다양한 서적이 출간되었다. 그런데 이런 책의 대부분이 성인 우울증에 관련된 것이어서 아동과 청소년 우울증에 대한 책들은 상대적으로 부족한 편이다. 아동·청소년의 우울증은 성인 우울증과는 조금 다른 양상을 보인다. 그래서 부모, 교사 및 보호자들이 아동과 청소년 우울증에 대해 자세히 알고 더 관심을 기울일 수 있도록 돕는, 아동·청소년의 우울증에 대한 내용을 다룬 책들이 필요하다.

'어린 나이에 무엇을 알까?' 혹은 '어린아이들이 고민을 해 봤자 얼마나 한다고.'라는 안이한 생각은 위험하다. 아동·청소년에게도 저마다의 고민과 걱정이 있고, 때로는 이 고민과 걱정이 깊은 슬픔과 절망을 만든다. 이 책에서는 마음속 슬픔과 절망을 제각기 다르게 표현하는 아동과 청소년의 언어를 이해하는 방법에 대해 자세히 다루고 있다. 아동·청소년의 우울증이 성인 우울증으로 이어질 가능성이 높다는 것을 고려할 때, 아동·청소년의 우울증을 잘 이해하여 적절한 시기에 돕는 것은 넓은 의미에서 성인 우울증 문제를 예방할 수 있는 효과적인 방법이 될 것이다.

우리는 아동·청소년에 대한 지속적인 임상 경험을 토대로 이 책을 썼다. 그동안 다양한 사례를 경험하면서 부모들이 자녀의 어려움을 정확히 이해하지 못한 채 눈앞에서 벌어지는 여러 문제에 당황하는 것을 자주 보았다. 어떤 부모는 실제 문제보다 과장해서 바라보며 지나친 반응을 보이기도 하고, 또 어떤 부모는 무심히 지나쳐 버리기도 한다. 우리의 경험에 따르면, 부모가 자녀의 어려움을 정확히 이해하지 못하면 어느 쪽이든 문제를 해결하는 데 도움이 되지 않는다.

　우리는 아동·청소년을 둘러싼 가족이나 전문가에게 도움을 주고 그들과 관련 지식을 함께 나누고 싶다는 열망을 가지고, 상담 현장에서 자주 볼 수 있는 몇 가지 문제를 선택하여 '아동과 청소년 문제해결 시리즈'를 구성했다. 이 시리즈는 기본적으로 세 개의 파트로 구성되어 있다. 첫 번째 파트는 각 문제 행동에 대한 정확한 이해를, 두 번째 파트는 이들을 돌보는 가족이나 전문가를 위한 주언을, 세 번째 파트는 이들과 상호 교류하는 데 유용한 여러 가지 놀이나 게임을 소개했다.

　이 책의 출판과 관련하여 많은 분께 감사한다. 아동과 청소년의 문제를 다루는 도서는 현장의 경험을 토대로 한 실제적인 부분이 다루어져야 한다는 의견에 동의하면서 책의 출판을 권유해 주신 학지사의 김진환 사장님과 세심하게 편집을 해 준 김진영 차장님께 감사드린다. 무엇보다도 우리에게 많은 지식을 준 내담자들이 없었다면 우리는 아무것도 할 수 없었을 것이다. '아동과 청소년 문제해결 시리즈'의 모든 지식은 그동안 우리와 함께했던 내담자들을 통해 배운 것이라는 점을 밝히면서 우리와 시간을 함께한 일일이 이름을 밝힐 수 없는 많은 분께 감사를 전한다.

한스카운셀링센터에서

저자 일동

| 차례 |

11

Part 1

우울한 우리 아이
어떻게 이해할까요

사람들은 대부분 기분이 가라앉거나 고양되는 경험을 반복하면서 일상생활을 유지하고 있다. 이런 기분의 기폭은 살아가면서 흔히 경험하는 것이다. 기분의 한 축은 긍정적이라는 좋은 감정을, 반대 축은 부정적이라는 나쁜 감정에 있으면서 그 사이를 수시로 움직인다. 이것에 의해 사람들은 희망이나 낙관부터 좌절이나 두려움까지 다양한 정서적인 경험을 한다. 이러한 기분은 천천히 움직일 때는 조절이 가능하지만, 과도하게 양극단을 오가면서 출렁거리면 스스로 조절할 수 있는 힘을 상실한다. 부정적이라는 한 축에만 머무르거나 긍정적 감정과 부정적 감정이 왔다갔다 하면서 사람들의 삶에 부정적인 영향을 미칠 때 임상적 수준의 우울이라고 판단한다. 셀리그먼M. Seligman은 우울증을 '마음의 감기'라고 표현하기도 했다. 면역력이 떨어지면 감기에 걸리듯이, 우울증은 본인이 감당할 수 있는 스트레스의 범위를 벗어나면 누구나 걸릴 수 있을 만큼 우리에게 친숙한 질환이다.

우울증은 대부분 성인들에게서 드러나지만, 아동이나 청소년에게도 생각보다 흔히 나타나는 질병이다. 과거에는 성인과 달리 어린 아동은 임상적 수준의 우울은 드러나지 않는다고 생각하기도 했다. 이런 주장을 하는 사람들은 우울증의 핵심 증상은 우울감인데, 어린 아동은 인지능력이 충분히 발달하지 못해서 그런 감정이 잘 드러나지 않는다고 생각했기 때문이다. 그러나 최근에는 어린 연령의 아동이라도 부정적 생활사건, 주요한 변화, 거부 또는 지속적인 학대와 같은 생활환경이나 생물학적 문제가 심각한 경우에는 임상적 수준의 우울을 경험한다고 알려져 있다. 최근 어떤 조사에서는 초등학생의 열 명 중 한 명, 청소년이 되어서는 열 명 중 두세 명이 일상생활에 지장이 있을 정도의 우울 경향을 경험했다고 말한다.

먼저, 아동과 청소년의 우울증을 자세히 다루기 전에 필자가 만난 한 청소년 사례를 살펴보자.

상담실을 찾게 된 중학교 3학년 혁진이(가명)는 초등학교 때까지 부모님의 말씀을 잘 듣는 모범적인 아이였다. 혁진이의 학업 성취에 관심이 많았던 부모는 혁진이가 어렸을 때부터 여러 가지 사교육을 시키는 데 집중했고, 혁진이는 이런 부모의 방식에 순응적인 태도로 잘 따라오는 듯했다. 그러나 혁진이는 중학교에 진학한 이후 조금씩 변하기 시작했다. 부모의 눈을 피해 게임을 하는 시간이 늘어났고, 성실하게 다니던 학원을 자주 빠지기 시작했으며, 좋았던 성적이 점차 떨어졌다. 부모가 불안감에 혁진이를 더 통제하려고 할수록 혁진이의 반항은 더 늘어만 갔다. 부모의 걱정은 깊어 갔지만 혁진이가 중학생이 되면서 사춘기를 심하게 앓고 있는 것이라고 여겼기에 시간이 조금 지나면 혁진이의 방황도 끝나게 될 것이라 생각했다. 그러나 그렇게 중학교 3학년이 된

혁진이가 학교도 가지 않겠다고 하자 상담실을 방문하였다. 심리평가 및 면담을 진행한 결과, 혁진이는 '우울장애' 진단을 받았다. ✍

혁진이의 경우 청소년기에 들어가면서 게임 문제, 학습 문제를 먼저 나타냈기에 부모는 혁진이의 우울증을 예상할 수 없었다. 청소년의 우울증이 은둔이나 등교거부, 비행 등으로 이어지는 경우가 있기 때문에 청소년 자신이나 주위의 어른들도 이것을 우울증 때문이라고 깨닫지 못한 채 고통을 받는 경우가 많다. 아동의 경우에도 우울증은 대부분 식욕부진, 수면장애 등의 신체 증상으로서 드러난다. 또한 '기쁘다, 즐겁다'와 같은 긍정적인 감정을 상실한 채 무기력하게 되는 특징이 있는데, 이대로는 안 될 것 같다는 초조한 기분이 맴돌면서 갑자기 안절부절못하거나 화를 내는 경우도 있다. 자율신경의 움직임이 불안정하게 되기 때문에 나른하고, 수면장애, 식욕부진, 두통과 같은 신체의 증상을 보인다. 이것은 우울증의 초기에 두드러지는 증상이다.

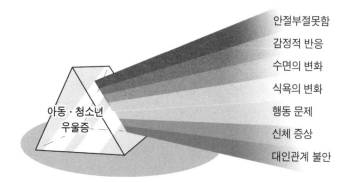

안절부절못함
감정적 반응
수면의 변화
식욕의 변화
행동 문제
신체 증상
대인관계 불안

아동·청소년 우울증

　간혹 부모들은 아동과 청소년의 우울 증상을 성장하는 과정에서의 자연스러운 과도기적 현상으로 본다. 이 때문에 우울 증상이 있어도 시간이 지나면 자연스럽게 사라지거나 자신의 의지와 태도로 극복할 수 있을 것이라고 생각한다. 그러나 아동·청소년에게도 '우울장애'로 진단해야 하는 우울증이 나타날 수 있고, 이는 명백한 의학적 문제이기 때문에 도움이 필요하다. 청소년 사망원인 1위인 자살이 우울증과 관련이 깊은 만큼 아동·청소년 우울증을 가볍게 여겨서는 안 된다. 우울증은 간과하고 무시하면 그 심각성이 커질 수 있지만 관심을 두면 치료할 수 있는 질병이고, 치료 성공률도 높은 편이다. 조기발견과 조기치료가 중요하다. 아동·청소년의 상태에 마음에 걸리는 증상이 조금이라도 보이면 전문가의 도움을 얻는 것이 바람직하다.

아동 · 청소년 우울증과
성인 우울증의 차이점

언제부턴가 갈대는 속으로
조용히 울고 있었다.
그런 어느 밤이었을 것이다. 갈대는
그의 온몸이 흔들리고 있는 것을 알았다.

바람도 달빛도 아닌 것,
갈대는 저를 흔드는 것이 제 조용한 울음인 것을
까맣게 몰랐다.
산다는 것은 속으로 이렇게
조용히 울고 있는 것이라는 것을
그는 몰랐다.

— 신경림, 「갈대」

　아동 · 청소년의 우울증은 이 시에서 나오는 갈대와도 같다. 갈
대가 자신에게 감추어진 슬픔 때문에 흔들리고 있는 것을 모르
는 것처럼, 아동 · 청소년도 자신의 우울증을 알아차리기 힘든 경

우가 많다. 아동·청소년은 성인과 달리 우울한 기분이 두통이나 복통, 안절부절못함, 장난감이나 게임에 대한 흥미를 보이지 않는 형태로 드러난다. 그래서 부모 또한 자녀의 마음에 경험되고 있는 슬픔과 절망감을 이해하지 못한 채 단순한 건강이나 행동 문제라고 여기기 쉽다. 그러나 이와 같은 사소한 증상을 소홀하게 다루면 아동·청소년의 우울증이 더 심해지면서 대인관계를 형성·유지하거나 학업을 수행하는 능력이 또래보다 떨어지게 될 수도 있다. 또한 자신을 도움이 되지 않는 사람이라고 자책하는 기분이 강해지면서 미래에 대한 희망이 없기 때문에 죽어 버리고 싶다는 극단적인 생각을 가질 수도 있다. 아동이나 청소년이 보이는 우울증은 재발의 위험이 높고 또한 기분이 고양되는 조증 상태와 우울의 상태를 반복하는 양극성 장애가 되는 경우도 있다. 따라서 아동이나 청소년이 갑자기 평소보다 말을 많이 하거나 반대로 기분이 가라앉아 있는 경우에는 주의 깊게 살펴볼 필요가 있다.

다음의 사례는 아동·청소년의 우울증이 성인과 조금 다르게 나타나는 것을 보여 준다.

초등학교 4학년인 채린이(가명)는 함께 어울리는 친구들이 많은 편이고, 친구들과의 약속이나 활동에 매우 적극적으로 참여하는 아이였다. 부모는 맞벌이를 하면서 채린이와 함께해 줄 여유가 충분치 않았기 때문에 되도록 채린이가 외부에서의 다양한 활동을 함으로써 혼자 집에 있을 시간을 줄여 주려고 했고, 채린이도 이런 활동들을 좋아하면서 잘 따라오는 듯했다. 부모가 퇴근 후 만나는 채린이는 늦은 저녁에도 늘 상기된 기분을 보이면서 다소 산만하기까지 한 인상을 주었기에, 부모는 채린이가 정말 에너지가 넘치고 활동적인 아이라고 생각했다. 다만 채린이는 자신의 뜻대로 되지 않는 일들이 생기면 곧바로 쉽게 짜증을 내면서 자신의 감정을 조절하기 힘들어하는 모습을 보였는데, 부모는 이 것 또한 채린이가 욕심이 많은 아이이기 때문에 보이는 특성이라고 생각했다. 그런데 어느 날부터 채린이가 자주 복통을 호소하게 되었고, 이 때문에 학교와 학원에 빠지는 날들이 늘어나면서 상담실을 찾게 되었

다. 채린이는 '우울장애'라는 예상치 못한 진단을 받게 되었다. ✎

　아동·청소년의 우울증도 성인과 유사하게 기분의 울적함, 집중력 부족, 수면의 어려움, 불안감 등으로 나타날 수 있지만, 오히려 과도한 활동성, 과민한 기분, 공격적 행동, 신체적 불편감에 대한 잦은 호소 등의 '위장된' 형태로 나타나는 것이 더 흔한 일이다. 특히 아동은 자신의 감정을 주위에 전달하는 능력을 충분히 갖추고 있지 못하기 때문에 우울증을 신체적 증상으로 드러내기 쉽다. 또한 겉으로는 굉장히 사교적이고 활달하게 보여서 문제가 없는 것으로 착각할 수도 있다. 전혀 우울하게 보이지 않는 행동으로 우울증이 나타나는 것을 '가면우울증 masked depression'이라고 한다. 청소년의 경우에는 우울함보다는 예민한 기분과 행동 반응을 더 자주 보일 수 있는데, 이들은 자신이 과민하다는 것을 인식하지 못하는 아동과 달리 자신이 과민하다는 것을 알고 있다. 그러나 일상의 크고 작은 모든 것이 자신을 짜증나게 하고 화나게 한다고 표현하기 때문에 부모들은 이를 우울증으로 인식하기보다 극도로 예민해진 사춘기 특성이라고 간주하고 넘어가기 쉽다 신경민, 2018. 또한 공격적·파괴적 충동성이나 절도, 가출 형태의 비행 문제로 이어져서 행동 문제로만 간주되다가 나중에서야 심리검사나 상담을 통해서 우울증이 확인되기도 한다.

성인 우울증 징후	아동·청소년 우울증 징후
• 우울한 기분	• 과민성, 까다로움
• 이전에 좋아하던 활동에 대한 흥미나 즐거움의 감소	• 지루함, 관심 부족, 활동 포기
• 부정적 사고, 무력감	• 실패, 좌절, 자신 책망, 사회적 고립, 새로운 경험에 저항
• 현저한 체중 감소 또는 저하	• 성장발육의 저조, 까다로운 식사(체중 감소), 과식 및 체중 증가(특히 청소년기)
• 불면증, 과도한 수면	• 잠들기 어려움, 오랜 시간 깨어 있음, 잠에서 깨어나기 어려움, 잦은 낮잠
• 정신운동성 동요, 불안 또는 지연	• 차분히 앉아 있거나 조용히 걷기가 어려움, 어수선함, 지나치게 공격적이거나 민감함, 자발성이 거의 없거나 전무함, 매우 느린 움직임
• 지속성, 주의 분산	• 장애물과 시간 압박에도 불구하고 활동을 계속함
• 피로 또는 에너지 손실	• 지속적으로 피곤함, 게으르고 느리게 보임, 통증 호소, 잦은 결석
• 낮은 자존감, 죄책감	• 거칠음, 잦은 울음, 자기 비판적, 어리석고 사랑스럽지 않거나 오해받는다고 느낌
• 집중력 부족, 우유부단함	• 삐죽거림, 산만함, 성적 저하, 잘 잊어버림, 동기부여 없음
• 반복되는 자살 충동(사고)과 시도(행동)	• 죽음에 대한 걱정, 도망쳐 버리고 싶어함, 자주 죽음에 대한 글을 쓰거나 그림, 좋아하는 장난감이나 물건을 남에게 줌

출처: Serani (2017).

아동·청소년 우울증의 전반적인 특징

아동·청소년은 독특하다. 때에 따라서는 기질적으로 타고난 우울 성향을 가진 아동·청소년도 있다. 아동·청소년에게 어떤 문제가 생겼다고 여겨질 때 이들의 생물학적 측면, 개인적인 경험의 질, 그리고 이들의 특별한 욕구를 인식할 필요가 있다. 부모의 관점에서 볼 때 매우 걱정스럽고 불안한 자녀의 행동들이 때로는 아동·청소년기의 발달단계에서 극히 정상적인 범주에 속하는 경우일 수도 있다.

부모가 자녀의 발달과정과 성장단계에 따른 특징을 이해하는 것은 매우 중요하다. 부모가 자녀에게 기대하는 행동이나, 성격이 아동·청소년의 발달과정에 적합한 것인지를 알게 되면, 무엇이 정상이고, 무엇이 걱정스러운 행동인지를 인식하는 데 큰 도움이 된다. 또한 자녀가 이전에는 보이지 않았던 행동이나 반응을 보인다면 이에 대해 관심을 갖고 관찰할 필요가 있는데, 이런 변화는 아동·청소년의 우울증과 관련한 증상일 수 있다.

정서적 증상	신체적 증상
• 우울, 슬픔 • 무기력, 무관심 • 의욕, 집중력이나 결단력의 저하 • 초조감, 자책감이 강해짐 • 비관적이 됨 • 유연한 사고를 하지 못함 • 장래에 희망을 가지지 못함	• 숙면하지 못하거나 반대로 지나치게 잠 • 식욕이 저하하거나 지나치게 과식함 • 처져 있거나 쉽게 피곤해하면서 활기 가 없음 • 두통, 현기증, 구토 등

○
우울증의
정서적 증상과
신체적 증상

{ 기분의 변화 }

우울증을 경험하는 아동·청소년에게 나타나는 기분은 슬픔, 짜증, 변덕스러움, 지루해함, 소심해짐, 의욕 없음, 관심 없음 등 여러 가지 방식으로 표현된다.

{ 신체적 증상의 변화 }

우울증은 식욕, 체중, 수면 그리고 에너지의 증가 또는 감소를 보인다. 아침에 일어나 준비하는 과정에서 이전과는 달리 시간이 걸리고 때론 멍하게 있는 등 늦장을 부리는 모습을 보이기도 한다. 이런 경우 아동·청소년이 말을 안 듣고 고집을 피운다기보다는 우울증에 수반되는 낮은 에너지에서 기인하는 것으로 볼 수 있다.

자신의 모습에 대한 관심이 커지는 사춘기에 잘 씻지 않으려 하거나, 똑같은 옷을 며칠씩 계속 입는 경우도 반항적인 행동으로 해석하기보다는 우울증에 그 원인이 있을 가능성을 생각해 봐야 한다.

두통이나 복통 같은 신체적 통증을 자주 호소하는 아동의 경우에도 우울인지 살펴볼 필요가 있다. 연구에 따르면, 우울증은 면역 체계를 약화시키고 몸속에 염증을 증가시켜서 질병 혹은 신체적으로 가벼운 통증에 대한 예민함을 일으킨다.

자신을 대하는 태도의 변화

우울증은 자신을 대하는 태도와 자신감에 큰 영향을 미친다. 우울증의 가장 놀라운 측면은 사고를 왜곡하는 방식으로, 자신에 대해 전반적으로 긍정적이던 사고가 자기를 비하하는 부정적인 사고로 변화된다.

아직 문제해결 능력이 충분히 발달하지 못한 아동의 경우, 우울증의 영향으로 판단력이 크게 손상 될 수도 있다. 우울증을 겪는 아동은 자신을 쓸모없고 사랑스럽지 않다고 여기게 된다. 또한 매사에 비관적이며, 자기 비난 그리고 절망감을 자주 느낀다. 심한 경우 자해를 하거나 자살을 시도하기도 한다.

아동이나 청소년은 고민되는 일이나 스트레스 때문에 힘들어 할 때 수면과 식욕, 행동 패턴 등 세 가지에서 변화를 보인다. 스트레스로 인한 고통이 우울증 혹은 여러 가지 정신질환으로 연결될 수 있기에 이 세 가지의 변화를 알아채는 것이 매우 중요할 수 있다. 수면·식욕·행동 패턴의 변화는 아동·청소년이 보내는 구조신호라고 말할 수 있을 것이다.

수면의 변화

수면이 조금 부족해도 아침에 일어날 때 활발하다면 걱정하지 않아도 된다. 좀처럼 일어나지 못하며 나른해하거나 얼굴색이 나쁘고 기분이 좋지 않거나 활발하지 않는 등의 모습을 계속 보인다면 우울증의 가능성을 생각해 보아야 한다.

식욕의 변화

식욕이 없어서 아침저녁을 별로 먹지 않거나 먹어도 양이 급격하게 줄거나 또는 반대로 지나치게 먹는다. 특히 밥이나 빵, 과자처럼 탄수화물을 많이 먹고 싶어 하는 상태가 계속된다면 주의깊게 살펴볼 필요가 있다.

행동 패턴의 변화

자신의 차림에 신경을 쓰지 않거나 가족과 대화를 피하거나 집 밖으로 나가는 것을 두려워하면서 학교에 가기를 거부한다. 또는 기분을 활발하게 할 수 없거나 불면이나 식욕부진, 집중력의 저하 등과 함께 사람에게 보이는 것을 두려워하면서 외출을 피한다. 의식적인 행동을 반복하는 경우도 있다. 학교에서 성적이 떨어지고 외모에 신경을 쓰지 않은 채 고립하려는 경우에는 정신질환의 문제가 시작되는 신호의 가능성이 크다.

성인이 보기에는 사소한 것이라도 아동과 청소년에게는 깊은 근심과 걱정거리가 될 수 있다. 아동·청소년이 보이는 변화들을 세심하게 살펴서 스트레스를 줄일 수 있는 환경을 조성하거나 전문가의 도움을 받으면 우울증이 더 심각해지는 가능성을 줄일 수 있다.

연령에 따른 아동·청소년 우울증 증상

법률상 18세 미만은 모두 '아동'으로 정의된다. 그러나 교육적·의학적 입장에서는 '발달단계'의 개념을 기준으로 연령을 나누기 때문에 만 18세 미만의 나이 안에서도 아동기와 청소년기의 구분이 이루어진다. 발달단계상 아동기는 보통 5세에서 12세의 나이에 해당하고, 청소년기는 그 이후부터 18세까지에 해당한다고 볼 수 있다. 연구에 따르면 아동기 이전의 영아기나 유아기에도 우울증이 나타날 수 있다는 보고가 있고, 아동기 안에서도 취학 전후를 기준으로 연령에 따라 우울증의 양상이 조금씩 다르게 나타날 수 있다.

영아기 우울증(0~24개월)

여러 연구에 따르면 영유아기도 우울증과 같은 정신건강 문제를 가질 수 있다는 결과를 보여 주고 있는데, 약 6개월 정도 된 영아도 우울증을 보일 수 있다. 우리나라의 2013, 2015년도 영유아 정신건강 실태조사에서도 10명 중 3명이 우울 증상을 보이고 있다는 결과가 나온 바 있다. 영유아기 우울증은 유전과 양육 환경의 원인을 모두 고려해야 하는데, 부모가 우울증이 있는 경우 영유아기 우울증의 가능성 또한 높아지게 된다. 영유아의 우울 증상은 전반적인 발달 지연으로 드러날 수 있는데, 언어 및 인지 발달 지연을 포함하여 눈 맞춤의 어려움, 무표정, 무관심 등의 정서 및 상호작용의 제한으로 나타날 수 있어서 자폐 범주의 문제나 애착 문제와 유사하게 보일 수 있다. 또한 수면 문제, 달래도 지속되는 울음, 분리불안, 물기나 부딪치기 등의 자해 행동으로도 나타날 수 있다.

취학 전 우울증(3~5세)

조앤 루비Joan Luby의 연구에 따르면, 미취학 아동도 슬픔과 무기력한 모습으로 성인 우울증 양상과 비슷한 특성을 나타내는 경우가 있다. 그러나 많은 경우 신체적 증상으로 호소하고 일상생활에 심각한 지장을 주지 않아서 잘 감지되기 어렵다. 이 시기의 우울증은 여기저기 자주 아프다고 이야기하는 것과 함께 자주 심심하다고 말하는 것, 시무룩함이나 자신의 실수에 대해 지나치게 안절부절못하는 죄의식으로도 나타날 수 있다. 이 시기는 주의력결핍 과잉행동장애ADHD, 불안장애, 적대적 반항장애의 징후가 드러나는 시기이므로 우울증이 함께 동반될 때 그것을 알아내기가 쉽지 않다. 그러나 이 시기에 우울 증상을 경험하면 우울 증상이 없는 경우에 비해 이후 1~2년 내 우울증이 재발될 비율이 약 4배나 높았다는 연구결과가 있는 만큼 좀 더 세심한 관찰을 통해 조기에 파악할 필요가 있다.

학령기 우울증(6~12세)

학령기 우울증은 이전의 증상보다 더 다양해지고 심각성이 커진다. '학교생활'이라고 하는 새로운 환경의 변화를 맞이하면서 '학업'과 '또래관계'라는 중요한 과업이 시작된다. 따라서 우울증 또한 학업 성취의 어려움과 부족한 사회성으로 나타나는 경우가 많다. 학업이나 관계에 대한 스트레스가 우울증의 원인이 될 수도 있지만, 우울증으로 인해 학업 및 관계에서 어려움이 생길 수 있다는 것도 중요하다. 이 시기의 우울증은 잘 집중하지 못할 뿐 아니라 수행 속도를 느리게 하여 새로운 경험과 도전을 피하게 한다. 이것이 학습 과정과 성취에 큰 방해가 될 수 있다. 또한 외부 자극에 대해 매우 예민해져서 쉽게 짜증을 내고 집단 활동에 부담을 느껴서 또래관계 유지가 쉽지 않다. 이같은 특성들 때문에 부모나 교사들은 이것을 아동의 우울증보다는 단순한 학습 문제나 사회성 문제로 치부하기가 쉽다. 아동은 자신이 공부를 잘하지 못하고 친구들과 좋은 관계를 맺지 못한다는 자책감을 가지면서 자기 자신을 비하하게 되고, 자신에 대한 부정적인 자아상을 형성하게 된다. 이것이 더 심해지면 자해나 자살 사고의 시작이 되기도 한다. 한편, 이 시기의 우울증은 두통이나 복통으로 인한 잦은 결석, 다툼이나 폭력 등의 행동 문제로 나타나기도 한다. 공격적인 행동을 통한 우울함의 표현은 남아에게서 더 자주 나타난다고 알려졌으나, 종종 여아에게도 이런 특성이 나타날 수 있다.

청소년기 우울증 (13~18세)

청소년기는 호르몬의 변화로 인해 행동과 감정 또한 크게 변화하는 시기이다. 자의식과 자기 주장이 강해져서 때로는 욱하는 모습을 보이기도 하고, 기분이 좋았다가도 울적하게 되는 등 감정의 기복이 심해지기도 한다. 우리가 흔히 '사춘기'라고 부르는 이러한 특성들이 청소년의 우울증과 혼동되기 쉽다. 그러나 우리나라 통계청과 여성가족부가 발표한 '2020 청소년 통계'에 의하면 청소년 중 28%가 일상생활이 어려울 정도의 우울증을 경험한 것으로 조사되었고, 여학생의 비율이 남학생의 비율보다 조금 더 높은 것으로 나타났다.

우울증을 신체적 불편으로 호소하는 아동과 달리 청소년은 슬픔과 절망감을 더 많이 드러내고, 더 많은 수면장애와 식욕장애를 보인다. 미래에 대한 막연한 불안감에 휩싸이는 모습을 자주 보여서 일반적인 '불안 증상'으로도 오해된다. 어느 정도 지속되다가 사라지기도 하는 불안감과 달리 우울증은 일정한 패턴을 보이면서 더 오래 지속된다. 또한 사고와 집중력의 어려움이 생겨서 학업을 따라가기가 힘들어지고, 비판에 대해 예민해지며, 화를 자주 낸다. 청소년기 우울증은 '비행 행동' 뒤에 숨어 있기도 해서 등교거부와 함께 음주, 흡연, 가출, 폭력 등의 행동 문제로 나타나기도 한다.

청소년기 우울증은 성인의 우울증처럼 두드러져 보이다가도 어느 순간 회복되어 잘 지내는 듯 보이기에 판단이 어려울 수 있다. 또한 우울증이 의심된다 하더라도 청소년 자체가 자신의 우울증에 대해 도움을 받지 않으려고 하는 경우도 많다. 그러나 청소년기의 우울증이 청소년 자살률을 높이는 원인이 되는 만큼 관심을 갖고 지켜보면서 신중한 판단을 내려야 하고, 적절한 도움을 주어야 한다.

아동·청소년 우울증의 원인

아동 및 청소년 우울증의 원인은 유전적·생물학적·환경적 요소들이 서로 맞물려 있다. 우울증은 그 자체의 증상으로 시작될 수도 있지만 아동·청소년이 처한 환경의 어려움을 통해서 드러나거나 이미 겪고 있었던 문제의 2차적인 정서 문제로 도움을 요청한다. 예를 들어, ADHD를 가진 아동·청소년의 경우 증상으로 인한 충동적 행동 문제 때문에 계속해서 부모나 교사의 부정적인 피드백에 노출되면 자존감이 낮아지면서 우울증이 생길 수 있다. 혹은 아동·청소년이 틱이나 불안 증상을 오랫동안 경험하게 되면 일상을 편안하게 유지하기 힘들다는 스트레스와 좌절감으로 인해 우울증이 유발될 수도 있다.

아동기 및 청소년기에 우울 진단을 받게 되는 경우에는, 성인이 되어서 우울 진단을 받게 되는 경우보다 가족력의 원인이 많다는 연구 보고가 있다. 이것은 생물학적·유전적 원인과 밀접한 관계가 있다는 것을 알 수 있다. 따라서 아동·청소년 자녀의 우울증이 의심될 경우, 일단 부모 자신의 우울증 혹은 가족 중 우울증의 어려움을 경험하고 있거나 경험했던 사람들이 있는지 살펴봐야 한다. 유전적 원인이 예상된다면 자녀의 우울증을 해결하기 위한 개입 방식은 단일적인 방식보다는 약물치료와 함께 다양한 정서적 지원을 할 수 있는 복합적인 방식이 효과적일 수 있다.

원인	내용
신경생물학적 원인	우울증의 가족력, 물질남용, 양극성 장애의 가족력, 성별, 사춘기, 만성질환, 우울병력
심리적 원인	공존질환의 유무, 상당히 감정적인 기질, 낮은 자존감, 심리적 외상, 상실 경험
가족적 원인	학대, 부모의 정신질환, 부모-자녀 간의 갈등
사회적 원인	따돌림, 또래의 비행청소년, 다문화나 장애를 가진 아동

○
아동·청소년
우울증의 원인

{ 신경생물학적 원인 }

생화학적 소인

우울증은 신경내분비계의 이상이나 뇌 신경전달물질의 이상과 관련할 수 있다. 노르에피네프린과 세로토닌이 적절히 분비되지 않을 때 우울증이 유발될 수 있다. 또한 기분과 정서를 조절하는 역할을 하는 뇌의 전두엽이 우울증에 중요한 영향을 미친다. 우울한 어머니의 영아는 그렇지 않은 어머니의 영아에 비해 전두엽의 전기적 활동성이 낮고 스트레스 호르몬인 코르티솔의 수준이 높은 것으로 밝혀졌다. 정신사회적 스트레스나 유발 인자를 통해 첫 번째 우울증을 앓게 되면 그로 인한 스트레스가 뇌의 상태에 변화를 야기한다. 이 변화가 결국 신경전달물질 체계나 신경세포 내 신호체계를 변화시켜서 이후에는 특별한 스트레스 요인이 없어도 우울증이 재발한다는 설명이 있다.

기질적 소인

유전적으로 정신질환에 취약한 소인을 가지고 있는 사람이 있다. 이런 취약성을 '특이체질diathesis'이라 부르기도 한다. 2013년 미국 국립보건원의 연구에 따르면, 우울증은 자폐증, ADHD, 조울증, 조현병과 유전적 뿌리를 공유하고 있다. 개인이 안정적인 환경에 있다 하더라도 기질적 원인에 의해서 우울증이 나타날 가능성이 있다는 것이다. 그러나 취약한 기질만으로 우울증이 유발되기는 힘들다. '스트레스 특이체질 모델'에 따르면, 개인의 정신질환 취약성은 강력한 스트레스 요인과의 상호작용을 통해 발병 확률이 높아지기 때문이다. 수줍음이 심하거나 억압적이며 쉽게 화내는 기질이 우울증에 걸릴 가능성이 높다고 알려져 있다. 그러나 이런 기질을 가졌다고 해서 모두 우울증에 걸리는 것은 아니고 이런 기질이 스트레스라고 말하는 '삶의 사건' 또는 주변 환경으로부터 오는 '압도적인 경험'에 만성적으로 노출될 때 우울증에 걸릴 확률이 더욱 높아진다.

심리적 원인

발달적 관점

정신분석이론에 따르면 우울 증상은 상실 경험에 대한 반응이다. 이 상실은 실제적인 부모의 부재일 수도 있지만 부모의 애정과 사랑을 받지 못함으로 인한 상실감을 의미하기도 한다. 유아기에서 아동기까지 이러한 상실을 경험하면 결국 자아 존중감의 저하와 함께 주변 환경에 대한 인지적 왜곡이 나타나 우울 증상을 유발할 수 있다고 설명한다. 청소년기에는 인지적 · 정서적 변화로 인해 아동기보다 우울증을 더 많이 경험하게 되는데, 인지적 성숙으로 인해 자신을 돌아보고 평가할 수 있는 능력이 생기고 자의식이 발달하면 자기비판으로 인한 부정적 감정이 두드러지게 된다. 또한 가족으로부터 독립하는 과정이 진행됨에 따라 환경적 스트레스가 증가하는 것과 맞물려 가족으로부터의 정서적 지지가 약화되면 우울증 빈도가 증가되게 된다.

정서 조절 문제

정서 조절 능력은 개인이 자신의 부정적인 감정을 알아차린 후 이것을 보다 안전하고 건강한 방식으로 조정하고 해소할 수 있는 힘이다. 다양한 연구들에 따르면, 스트레스 대처 능력은 정서 조절 능력과 높은 상관이 있다. 만성적 스트레스가 성인뿐 아니라 아동과 청소년의 우울증 원인에도 큰 영향을 줄 수 있다는 것을 고려할 때 스트레스 대처능력과 관계되어 있는 정서 조절 능력의 중요성은 더욱 커진다박인혜 외, 2015. 아동 및 청소년은 자신의 감정을 조절하는 데 개인마다 차이를 보인다. 정서 조절 능력은 활동성, 낙관성과 같은 기질적 요인과 관련이 많지만, 부모와의 애착, 양육 환경 특성에 따라서도 영향을 받는다. 환경적으로 정서적인 고통과 슬픔에 장기적으로 노출되면 부정적인 감정 상태를 조절하는 능력이 더 저하되게 된다. 이러한 아동과 청소년은 쉽게 짜증을 내거나 갑자기 흥분된 상태가 되기도 하는 등 극도로 예민한 반응을 보이면서 우울증이 유발될 가능성이 높다.

비합리적인 사고

우울증을 가진 아동·청소년은 자신의 경험을 미성숙한 방식으로 구조화하는 경향이 있다. 이들이 가진 부정적 도식은 보통 불안정하고 결핍된 초기 경험을 통해 만들어지는데, 이러한 부정적 도식이 잠재되어 있다가 이후 초기 경험과 유사한 특정 상황을 통해 활성화된다고 알려져 있다. 이러한 부정적 도식은 '비합리적인 사고'라고도 설명되는데, 단단하게 고정되어 변화되기가 쉽지 않은 이 사고의 내용들은 다음과 같다.

[비합리적인 생각의 내용들]

1. 흑백논리: 모든 상황을 옳고 그름으로 판단한다.
2. 지나친 일반화: 부정적 사건을 결코 끝나지 않은 실패의 한 형태로 본다.
3. 색안경 끼고 보기: 부정적 측면을 강조하고 긍정적 측면을 무시한다.
4. 장점 깎아내리기: 자신의 성취나 긍정적 특성들을 중요하지 않다고 여긴다.
5. 속단하기: 어떤 정확한 증거 없이 부정적으로 결론을 내린다.
6. 과장하기 또는 축소하기: 사물을 부풀리거나 그 중요성을 축소시킨다.
7. 감정적 추론: 느낌으로부터 판단한다.
   예: '내가 쓸모없이 느껴지니까 나는 쓸모없는 사람임에 틀림없어.'
8. 절대적 강요: 자신이나 다른 사람에 대해서 '~해야 한다' '~해서는 안 된다'라는 말을 사용하여 비판한다.
9. 이름 붙이기: '나는 ~을 실수하였다' 대신에 "나는 실패자다."라고 말한다.
10. 비난하기: 자신이 전적으로 책임질 일이 아닌 것에도 자신을 비난한다.

출처: 이윤주(2008).

{ 가족적 원인 }

아동·청소년 우울증은 가족, 특히 부모의 특성과 관련이 있다. 어머니가 우울증일 때 자녀의 우울증 가능성도 높아질 수 있다는 것은 단순히 유전적 영향을 설명하는 것은 아니다. 우울한 어머니는 우울하지 않은 어머니보다 애착 반응이 부족하고, 자녀와 상호작용할 때 비판적이고 조건적인 경향이 강하다. 또한 훈육의 방식이 비일관적이고 감정적 개입을 할 때가 많다. 이런 특성이 어린 자녀의 우울증을 유발할 만한 불안정한 양육 환경이 될 수 있다. 부모의 정서적·신체적 학대, 부모의 부부갈등도 아동·청소년 우울증의 상당한 요인이 된다. 부모에 의한 학대를 경험한 아동·청소년의 우울증 비율이 일반적인 아동·청소년에 비해 높고, 이는 성인기의 우울이나 불안으로 이어질 가능성이 크다는 연구도 있다안혜진, 2016. 부모의 부부갈등을 자주 경험한 아동에게도 우울이 높게 나온다는 연구결과가 있는데, 부모의 갈등 문제가 자신과 관련되어 있다고 인식할수록 더 우울하게 되는 것으로 나타난다조아람 외, 2014.

〔 사회적 원인 〕

아동·청소년 우울증은 여러 가지 사회적 스트레스에서 기인되기도 한다. 우리나라의 높은 교육열로 인한 학업 스트레스, 따돌림 등의 또래관계 문제가 아동·청소년 우울증과 밀접한 관련이 있다는 것은 여러 보고에 의해 이미 많이 알려져 있다. 다문화 또한 아동의 우울증을 유발할 수 있는 사회적 원인인데, 눈에 띄는 외모 등 사신의 의사와는 무관하게 결정된 요인이나 노력으로도 변화시킬 수 없는 상황이 우울증으로 연결되는 것으로 알려졌다_{윤은영, 2018}. 예기치 못한 사회적 상황도 우울증의 원인이 되는데, '청소년 1388 상담 건수'에 따르면 코로나 팬데믹 이전과 비교해 상담 건수가 30% 증가했고, 우울 관련한 진단을 받은 청소년 또한 약 2배 가량 증가한 것으로 보고되고 있다.

*＊＊

　자녀의 우울증을 걱정하는 부모들은 앞에서 언급한 세부적인 원인과 증상들을 자녀에게 적용하여 우울증의 여부를 파악하려고 한다. 그러나 이때 기계적인 방식을 적용하여 판단하는 것은 조심해야 한다. 우울증이 있는 아동·청소년은 학교에 가기 힘들어하는 것이 특징이나 개인에 따라 엄청난 노력을 통해 학교에 가는 경우도 있다. 또한 우울증은 일반적으로 오전 중에 가장 심하고 오후부터 저녁에 걸쳐서 조금씩 나아진다고 알려져 있다. 이는 자녀의 우울증을 증상 대입 방식으로만 판단하려고 할 때 놓칠 수 있는 것들이다.

　아동·청소년의 우울증 증상 자체에 대한 이해도 중요하겠지만 우울증을 유발할 수 있는 다양한 원인에 대한 이해 또한 중요하다. 특히 양육 환경 안에 자녀의 우울증을 유발할 만한 요소를 발견했다면 현재 자녀에게 우울증의 증상이 드러나지 않아도 주의깊게 관찰할 필요가 있다. 세심한 관찰을 통해 우울증이 악화될 가능성을 낮추거나 예방할 기회를 얻을 수 있기 때문이다.

그러나 가장 단순하고 기본적인 기준은 역시 증상의 유지 양상이다. 우울한 기분은 대부분의 사람들이 일상적으로 느끼는 것이지만 위로를 받으면 조금은 기분이 편해지고 시간이 지나면서 낙관적인 생각을 할 수 있게 된다. 그러나 침울한 기분 상태에도 불구하고 누군가에게 기대고 싶다는 생각이 없고 혹시 누가 위로해 주어도 침울함이 나아지지 않거나 오히려 더 심해지면 전문가의 도움을 받는 것이 바람직하다. 아동 · 청소년에게도 마음의 병이 있다는 것을 잘 모르는 부모들이 많은데, 10대에 접어든 자녀가 정신적으로 불안정하며 신체적 건강도 나쁜 상태가 계속된다면 우울증과 같은 마음의 병을 가지고 있을 개연성을 열어 놓고 자녀를 세심히 관찰할 필요가 있다.

Part 2

우울한 우리 아이
어떻게 도울 수 있나요

우울증이 있는 아동과 청소년을 돕는 과정에는 여러 가지 요소들이 고려되어야 한다. 먼저, 우울의 정도와 심각성을 판단하기 위한 진단은 그 과정의 첫 관문이라 할 수 있다. 우울증의 정도가 '우울한 경향' 정도의 경미한 것에서부터 '임상적 판단의 우울'까지 우울 정도를 정확히 판단해야 개입 방향이나 방법을 결정할 수 있기 때문이다. '임상적 판단의 우울증'으로 진단되면 반드시 전문가의 도움을 받아야 한다. 그러나 우울증의 정도를 떠나 자녀의 우울증을 도우려는 부모의 태도는 중요하다. '경미한 우울증'의 경우, 부모의 양육 태도나 양육 환경을 변화시키는 수준만으로도 그 증상을 어느 정도 개선할 수도 있다. 아동·청소년의 우울증과 밀접한 관련이 있는 자해와 자살의 문제 또한 중요한 부분이므로 부모들이 이런 문제를 어떻게 이해하고 다루어야 할지에 대한 고민도 함께 이루어져야 한다.

아동·청소년 우울증의 진단

임상적 수준의 우울증은 다른 말로 '우울장애'로 '진단'된 우울증이라고도 할 수 있다. '진단'은 주로 정신질환과 관련하여 내려지는 것이기에 조심스러운 부분이 있다. 특히 아동기 및 청소년기에 정신질환이라는 진단을 받는 것은 논란의 여지가 있다. 우리 사회에서 '정신질환'이라는 진단이 내려지면 아동은 위축되고 그의 삶 역시 여러 면에서 위축될 것이라고 생각하기 때문이다. 아동이 충동적으로 성질을 부리거나 침울해하는 것, 발달단계보다 느린 행동을 할 때 그것을 정신질환의 징후라고 생각하는 부모는 없다. 대부분의 부모들은 그런 것들은 그저 '발달상의 과정일 뿐이고 나이가 들면 좋아지는 것이다.'라고 쉽게 생각한다. 물론 우울증 중에는 시간이 지나면 호전되는 일시적이고 가벼운 우울증도 있다.

그러나 어떤 문제 행동은 단순히 거쳐 가는 단계가 아닌 지속되는 정신질환으로서의 우울증일 수 있다. '진단'에 대한 정서적인 불편 때문에 아동 및 청소년 문제 행동을 축소해서 받아들이거나 간과한다면 적절한 치료시기를 놓쳐 버리는 일이 발생할 수 있다.

아동과 청소년의 우울증이 실제로 '임상적 장애'의 결과인지, 임상적 수준의 우울증으로 발달될 위험에 있는지, 아니면 그 연령에 적절하고 나이가 들면 괜찮아질 것인지에 대한 평가와 진단이 필요하다. 진단을 통해 아동·청소년의 우울증을 어떻게 도울지에 대한 적절한 방향성을 설정할 수 있다.

[우울증 진단의 목표]

- 아동의 행동 문제의 존재와 범위를 진단한다.
- 아동의 특정 능력과 기량을 확인한다.
- 우울증에 걸릴 위험 요인이 있는 아동인지를 확인한다.
- 아동에게 우울증이 있는지 가린다.
- 적절한 개입 전략을 결정한다.

출처: Serani (2017).

전문가 진단 전 활용해 볼 수 있는 자가진단

정확한 진단은 전문가의 평가를 통해 이루어져야 하지만, 부모나 보호자 및 교사가 아동·청소년의 우울증을 어느 정도 가늠해 보는 데 도움이 될 수 있는 다음과 같은 질문들이 있다.

아동의 행동과 반응이 마음에 걸리기 시작한 시점이나 이유가 있는가?

아동이 무엇인가 힘들다고 느껴지는 시점은 다양하다. 부모가 오래전부터 그런 부분이 마음에 걸려서 지속적인 관찰을 해 왔거나 아니면 어느 날 갑자기 자녀의 행동이나 반응이 이상하다고 느낄 수도 있다. 그러나 그것이 왜 '문제'라고 느끼게 되었는지에 대한 이유를 돌아보면 아동이 언제부터 증상을 보였으며, 아동의 증상이 어떻게 심화되었고 지속되었는지를 생각해 볼 수 있다.

아동의 행동이 자기 또래 연령에서 나타나는 일반적인 행동인가?

부모 입장에서 자녀에게 문제가 있어 보여도 다른 입장에서는 큰 문제가 아닌 경우도 많다. 부모의 기대치가 높거나 이상적인 경우, 부모와 자녀가 서로 다른 기질적 특성을 갖는 경우 부모가 자녀의 행동에 대해 더 예민하게 반응할 수 있다. 아동의 행동이 마음에 걸리거나 걱정이 되어도 일단 그 연령의 아동들이 보일 수 있는 행동인지 객관적으로 점검해 볼 필요가 있다. 예를 들어, 아동의 감정 기복이나 잦은 눈물이 우울증의 신호가 될 수도 있으나 그 연령에서 흔히 보이는 정서 조절의 문제일 수도 있다.

아동이 충격적인 사건을 겪었거나 특별한 스트레스 상황에 있었는가?

아동에게 예상될 만한 분명한 환경적 고통이 있었다면 아동의 우울증 가능성은 더 커질 수 있다. 그것은 아동이 성인과 달리 스트레스 상황에 대한 통제력 및 대안을 다양하게 가질 수 없기 때문이다. 또한 성인의 기준에서 스트레스로 느껴지지 않는 상황도 아동에게는 스트레스 상황이 될 수 있다는 것을 이해하여 아동의 고통을 민감하게 알아챌 필요가 있다.

아동 증상의 강도는 어떠한가?

아동의 증상 강도가 어떠한지의 기준은 아동의 증상이 일상생활에 어느 정도의 지장을 주는지에 있을 것이다. 아동에게 이전에 없던 기분의 기복이나 낮은 활력감이 나타나도 일상생활에 큰 지장이 없다면 관심을 기울이면서 조금 지켜봐도 좋다. 그러나 자기 관리, 식사, 등교 등 일상적으로 이루어지던 것들이 어려워지기 시작했다면 지체하지 말고 전문가를 찾아야 한다.

주로 이러한 증상이 일어나는 장소는 어디인가?

집, 학교, 친구, 가족들과 있을 때 등 증상이 나타나는 범위를 살펴본다. 보다 넓은 범위에서 증상이 나타난다면 증상의 정도가 심할 가능성이 있다. 특정 장소에서만 증상이 더 두드러진다면 그 장소와 관련한 특정한 스트레스 요인이 있는지 점검해야 한다.

아동의 증상이 가족의 누군가와 비슷한가?

우울증이 있는 부모의 자녀 중 약 25%가 장애로 진단받는다는 연구결과가 있으므로 아동의 부모와 가계를 함께 살펴볼 필요가 있다. 유전적 소인의 우울증 가능성이 있다면 반드시 전문가를 찾아서 우울증의 치료 · 예방 · 관리를 위한 도움을 받아야 한다.

아동이 가지고 있는 다른 의학적 질병이 있는가?

갑상선 저하증, 빈혈 등과 같은 질병 때문에 나타날 수 있는 피로감, 무기력감, 과민 반응, 수면 및 식사 문제 등은 우울증처럼 보일 수 있다.

아동이 우울증으로 진단받는다면 무엇이 가장 걱정되는가?

자녀가 우울증 진단을 받는다는 것은 부모를 크게 실망시키고 불안하게 만들 수 있다. 진단은 미처 생각도 하지 못한 다양한 생각과 감정을 유발한다는 점을 염두에 두어야 한다. 이 때 나타나는 주 반응으로는 충격, 두려움, 불안, 죄책감, 슬픔, 분노, 불신 등이 있다. 이러한 반응들이 일어나는 것이 부모 스스로에게 어떤 의미가 있는지를 생각해 보는 것도 도움이 된다. 부모가 자녀의 우울증을 어떻게 수용하는지는 향후 아동의 치료와 회복에 중요한 역할을 담당한다.

이와 같은 자가진단 질문은 자녀의 우울에 대해 전문적 도움을 받아야 하는지를 결정 내리는 데 도움이 될 뿐만 아니라 전문가를 찾아갔을 때 자녀에 대한 중요한 정보로 제공될 수 있다.

또한 간단한 자기보고식 척도를 통해 아동·청소년의 우울증 정도를 예상해 볼 수도 있다. 다음에 제시한 '소아청소년 우울척도CES-DC 체크리스트'의 결과가 우울장애를 의심한다면 전문가로부터 보다 정확한 진단을 받을 필요가 있다.

소아청소년 우울척도(CES-DC) 체크리스트

다음 항목을 잘 읽고, 지난 일주일 동안 얼마나 자주 이런 일들을 겪었는지 해당되는 칸에 'o'표시하세요.

번호	항목	전혀 없었다	한두 번 있었다	많이 있었다	매일 있었다
1	모든 일이 귀찮게 느껴졌다.	0	1	2	3
2	입맛이 없었다.	0	1	2	3
3	행복하지 않았다.	0	1	2	3
4	나도 다른 아이들만큼 괜찮은 아이라고 느꼈다.	3	2	1	0
5	집중을 할 수가 없었다.	0	1	2	3
6	기분이 처지고 우울했다.	0	1	2	3
7	피곤함을 많이 느꼈다.	0	1	2	3
8	좋은 일이 생길 것 같았다.	3	2	1	0
9	일이 제대로 풀리지 않았다.	0	1	2	3
10	두려움을 느꼈다.	0	1	2	3
11	잠이 안 왔다.	0	1	2	3
12	행복했다.	3	2	1	0
13	말수가 줄었다.	0	1	2	3
14	외로움을 느꼈다.	0	1	2	3
15	아이들이 다정하지 않게 느껴졌다.	0	1	2	3
16	즐거운 시간을 보냈다.	3	2	1	0

번호	항목	전혀 없었다	한두 번 있었다	많이 있었다	매일 있었다
17	울고 싶은 기분이었다.	0	1	2	3
18	슬픔을 느꼈다.	0	1	2	3
19	사람들이 나를 좋아하지 않는 것 같았다.	0	1	2	3
20	무슨 일을 시작하기가 힘들었다.	0	1	2	3

출처: Weissman, Orvaschel, & Padian(1980)/오경자, 양윤란 역(2003).

※ 채점 방법: 각 문항에 표시한 점수를 합산한다.
※ 해석 방법
  - 27점 이하: 정상 수준
  - 28~38점: 우울 정도가 경도에서 중증도 수준
  - 39점 이상: 우울장애가 의심되므로 전문적인 도움이 필요함

{ 전문가를 통해 진단이 이루어지는 방법 }

우울증과 유사하게 나타나서 혼동을 주는 의학적 질환이나 다른 정신장애들이 있기 때문에 정확한 진단을 위해서는 전문가를 통한 다각적인 접근방법이 이루어져야 한다.

전반적인 건강에 대한 종합 진단을 받는다.

아동·청소년이 발달단계에 따라 제대로 성장하고 있는지에 대한 신체검사, 기존에 아동이 앓았던 병력에 대한 조사, 혈액 검사, 현재 복용 중인 약, 그리고 정신질환과 관련한 가족 병력이 있는지 등 자세한 정보 탐색이 필요하다. 이는 아동에게 우울증을 유발할 수 있는 다른 질병을 배제할 필요가 있기 때문이다. 이 때 부모는 가능한 한 개방적이고 솔직한 태도로 전문가와 만나는 것이 중요하다.

정신건강 전문가를 통해 심리평가를 진행한다.

심리평가는 심리상담사나 임상심리 전문가를 통해 이루어진다. 전문가는 가정 또는 학교에서 아동·청소년의 행동과 우울 증상의 시기, 증상 및 지속기간을 평가한다. 최근 아동을 둘러싼 환경에서 중요한 생활상의 변화가 있었는지, 상실 또는 트라우

마가 될 만한 사건이 있었는지, 그리고 극심한 스트레스를 유발할 가능성이 있는 상황이 있었는지 등을 살핀다. 전문가는 아동의 전반적인 정신 상태지적·정서적·심리적·사회적 기능를 조사하고, 특히 과민 반응과 기분mood에 주의를 기울인다. 초등학교 고학년부터 청소년의 경우 무모하고 충동적인 행동을 시도하는지, 자살에 대한 생각이 있는지를 평가하는 것이 중요하다. 이런 일련의 작업은 한 번에 한 가지의 평가로 이루어지는 것이 아니라 여러 가지 방식의 평가로 2~3회에 걸쳐 신중하게 이루어져야 한다.

전문가는 부모와 자녀를 따로 만나서 같은 질문을 하기도 하고, 구조화된 질문들을 활용하는 면담을 하기도 한다. 표준화된 우울증 척도를 사용하기도 하지만 지능검사를 통해서 감별하기도 한다. 우울한 아동이나 청소년은 의욕과 동기가 저하되어 있어서 검사상에서의 반응 속도가 느리고 다양한 반응을 나타내지 못하는 경향이 있다. 또한 그림 검사에서 위축되고 무기력해 보이는 사람을 그리기도 한다. 그러나 반대로 매우 긍정적인 특징을 강조하거나 활기차고 밝은 사람을 그리면서 자신의 감춰진 소망을 표현하려고 하는 경우도 있다. 한편, 지능검사에서는 자신의 잠재 지능을 다 발휘하지 못하는 경우가 많은데, 특히 정신운동 속도의 저하로 인해 시간제한이 있는 검사에서 충분한 수행을 하지 못하는 측면이 있다.

우울증과 동반되는 다른 문제들이 있는지 알아본다.

아동 · 정소년 우울증에는 불안, 학습장애, 약물남용과 같은 문제가 수반된다. 우울증과 동반되는 다른 문제는 우울증의 영향으로 인해 발생할 수도 있지만 선행된 문제나 장애의 고통으로 인해 우울증이 유발되는 경우도 있다. 그러나 일단 우울증과 함께 일어나는 다른 장애가 있는 경우 우울증만 치료하는 것이 아니라 각각의 장애를 치료하는 것이 권장된다.

전문가를 통한 우울증 관련 진단의 종류

전문가들이 정신질환을 진단할 때 참고하는 『정신질환의 진단 및 통계 편람DSM-5』이 있다. 임상적 수준의 우울증은 DSM-5를 기준으로 볼 때 '우울장애'나 '양극성 장애'에 속하는 증상이다. 임상적 수준의 우울증은 정신질환 중 하나로 간주되기에 '울적한 기분' 정도의 증상과는 구별된다. 병리적인 우울증은 우울장애 안에서 다시 몇 가지의 하위 진단들로 나누어지는데, 우울증의 기간, 시점, 추정되는 원인에 따라 진단 유형이 달라진다. 과거에는 우울증 진단 유형들 안에 우울증과 조증이 함께 동반되는 '양극성 장애' 진단이 포함되어 있었다.

'양극성 장애'는 우리가 흔히 알고 있는 '조울증'의 전문적인 진단 용어이다. 최근 개정된 DSM-5에서 양극성 장애가 우울장애로부터 분리하여 우울장애 안에는 '파괴적 기분조절부전장애'라는 새로운 진단이 포함되었다. '파괴적 기분조절부전장애'를 가지고 있는 아동은 예민한 상태가 오랫동안 지속되면서 극심한 분노 발작 증상을 나타내는 것이 특징이다. 이 진단은 아동에서 양극성 장애가 과잉으로 진단될 잠재적인 우려 때문에 추가된 것이다. 또한 파괴적 기분조절부전장애 진단에 포함된 증상을 나타내는 아동은 청소년기를 지나 성인이 되면서 양극성 장애보다는 우울장애로 발달할 가능성이 크다는 연구결과가 있어서 우울장애와 관련한 신난이 되었다.

DSM-5에서는 양극성 장애가 우울장애 범주에 속하지 않았지만 그 증상 안에 '우울증을 경험하는 기간'이 포함되어 있는 만큼 아동·청소년의 우울증과 관련하여 관심을 가져야 하는 진단이다. 양극성 장애는 기분의 방향이 침체된 기분과 고양된 기분, 그 양쪽 극단을 오고가는 증상을 가지고 있다. 따라서 양극성 장애를 가진 아동이나 청소년이 고양된 기분을 나타내는 '조증_{mania}' 상태에 있을 때는 과도하게 들떠 있는 기분과 행동으로 인해 ADHD로 오인되는 경우가 있다. 또한 아동과 청소년이 나타내는 예민한 기분 상태와 반응이 양극성 장애 증상과 우울장애 증상 모두에서 유사하게 나타난다는 점에서 두 진단의 구분이 어려울 때도 있다.

전문가가 아닌 부모에게 우울증과 관련한 진단 유형과 내용은 매우 복잡해 보일 수 있다. 또한 정확한 진단은 전문가의 몫이기도 하다. 그러나 아동·청소년이 보이는 다양한 문제 행동이 임상적 수준의 우울증과 관련되어 있을 가능성이 있는가를 가늠해 보기 위해 부모도 진단에 대한 정보를 활용할 수 있다. 따라서 복잡한 진단 용어 자체에 집중하기보다 진단과 관련한 증상의 특성을 파악하는 것이 도움이 된다.

파괴적 기분조절부전장애(Disruptive Mood Dysregulation Disorder)

✎ 초등학교 2학년인 민철이(가명)는 초등학교를 입학한 후부터 자주 예민한 기분 상태를 보이다가 최근에는 분노 폭발이 잦아지게 되었다. 자신의 기분이 조금만 상해도 남동생에게는 물론이고 부모에게 까지 울면서 악을 쓰고 주먹질을 하려고 하기도 했다. 민철이는 더 어렸을 때도 까다로운 기질을 가졌고 떼를 쓰는 때가 종종 있었다. 그러나 지금처럼 심각한 분노 폭발을 보이게 된 시점은 초등학교 입학 이후이다. 그래서 민철이 부모는 민철이가 초등학교 생활에 적응하는 데 있어서 과도기적으로 보이는 문제일 것이라고만 생각했다. 그러나 시간이 지나도 민철이의 분노 폭발은 줄어들지 않았고, 결국 민철이의 분노 폭발은 가정에서만 나타나는 것이 아니라 친구들과의 놀이 상황에서도 나타나기 시작

했다. 친구들마저 민철이와의 관계를 피하게 되면서 부모는 상담 기관을 찾게 되었고, 민철이는 파괴적 기분조절부진장애 진단을 받게 되었다. ✎

민철이가 보이는 예민한 반응 태도나 분노 폭발을 보면, 자주 욱하고 화를 내고 남 탓을 잘하는 '적대적 반항장애'와 유사해 보이기도 한다. 실제로 파괴적 기분조절부전장애는 '적대적 반항장애' 증상과 자주 혼동된다. 또한 양극성 장애를 가진 아동과 청소년이 조증의 상태일 때 과도하게 예민한 특성을 보일 수 있다는 점에서도 파괴적 기분조절부전장애와 구별이 필요하다. 파괴적 기분조절부전장애는 양극성 장애와 달리 사춘기 이전에 흔히 발생하고 감각이나 감정이 지나치게 예민한 정도가 더 만성적이고 지속적이다.

파괴적 기분조절부전장애를 가진 아동은 만성적이고 심각한 과민성으로 인해 가족관계, 또래관계 및 학습 성취의 어려움을 갖게 된다. 사소한 좌절 상황도 참아낼 수 없기에 또래 아동들이 일반적으로 즐기는 활동에 참여하지 못하는 경우가 많고, 학교 적응에도 어려움을 겪게 된다.

주요 우울장애(Major Depressive Disorder)

주요 우울장애는 우울증 증상이 2주 연속으로 지속될 때 진단되는데, 2주간 다음의 증상 중 최소 다섯 가지가 나타난다.

- 하루 중 대부분, 거의 매일 존재하는 우울한 기분이 있다.
- 일상 활동에 대한 흥미나 즐거움이 뚜렷하게 저하되었다.
- 체중 조절을 하고 있지 않은 상태에서의 체중 감소나 체중의 증가가 있다.
- 불면증이 나타나거나 오히려 너무 많이 잔다.
- 초조함이나 불안감이 있다.
- 활력이 없고 피로감이 크다.
- 스스로 가치가 없다고 느껴지고 죄책감이 든다.
- 집중력이 떨어지고 결정을 내리기 어렵다.
- 반복적으로 자살에 대해 생각한다.

주요 우울장애는 어느 연령대에서도 발병할 수 있지만, 특히 청소년기에 발병 가능성이 매우 높아진다. 심한 슬픔, 관심이나 즐거움의 상실, 느린 사고, 열악한 판단, 자살 사고 등 다양한 증상이 나타날 수 있다. 그러나 아동과 청소년의 경우 슬픈 기분보다는 지나치게 민감하거나 까다로운 기분으로 드러날 수 있다.

또한 무가치함과 죄책감을 과하게 느끼며 자신의 가치에 대해 비현실적인 부정적 평가 또는 과거에 실패했던 사소한 일에 대한 집착을 할 수 있다. 생각하고 집중하고, 사소한 결정을 내리는 능력마저 손상되고, 정신이 쉽게 산만해지거나 기억력이 떨어지기도 한다. 이에 아동의 경우 학교 성적이 갑작스럽게 하락될 수 있다.

지속성 우울장애(Persistent Depressive Disorder)
= 기분저하증(Dysthymia)

✏️ 중학교 3학년인 민지는 최근 복통과 두통이 잦아져서 일반 내과를 찾아서 검사를 받았으나 심리적 요인으로 인한 증상인 것으로 밝혀져 상담 기관을 방문했다. 사실 민지에게는 신체화 증상보다 미세하게 지속되어 왔던 우울힌 기분이 더 먼저였다. 특별한 사건이 있었던 것도 아닌데 초등학교 저학년 때부터 막연하게 '슬프다'는 감정을 느낄 때가 있었다. 그러다가 중학교 2학년 때부터 부쩍 울적한 기분을 자주 느꼈

다. 한편으로는 예민한 기분에 쉽게 짜증이 나기도 했다. 민지는 이러한 증상이 뭔가 이상하다고 생각했다. 그러나 어릴 때부터 예민한 부분이 있었고 현재는 사춘기가 겹쳐서 더 심해진 것이라고 넘겼다. 민지는 심리평가를 통해 '지속성 우울장애' 진단을 받고서 당황했다. ✏️

지속성 우울장애는 아동·청소년의 경우 적어도 1년 동안은 우울한 날이 우울하지 않은 날보다 많을 때, 또는 하루의 대부분이 우울할 때 진단이 내려진다. 대개는 어린 시절 서서히 발생하기 때문에 다른 우울장애보다 만성적이고 지속적이다.

특히 지속성 우울장애가 있는 아동·청소년은 우울한 모습이 분명하지 않다. 우울의 경험이 더 느리고 미묘하기 때문에 발견하기가 어려울 수도 있다. 이들은 오랫동안 가라앉은 기분 속에 살아왔기 때문에 자신들이 우울한 것조차 제대로 알지 못한다. 지속성 우울장애가 있는 아동·청소년이 삶에서 심각한 스트레스 사건에 노출되면 주요 우울장애로 발전할 위험이 있다.

월경 전 불쾌감장애(Premenstrual Dysphoric Disorder)

🖉 시험불안 때문에 상담실을 찾은 17세인 선희(가명)에게는 사실 또다른 고민이 있었다. 바로 월경주기에 따른 심한 정서 기복이다. 사소한 것에도 예민하고 짜증이 많아져서 여동생이나 어머니와 다툼이 있거나 쉽게 피곤하고 무기력해져서 잠이 많아질 때면 어김없이 월경이 시작되었다. 월경주기가 시험기간에 겹치는 경험을 통해 시험 불안도 생기게 되었다. 월경 직전이 되면 전반적인 신체적 상태가 좋지 않게 느껴지면서 평소보다 집중력도 저하되기 때문이었다. 이 때문에 공부에 대한 효율성이 떨어져서 시험에 대한 심리적 압박과 불안이 커졌다. 🖉

월경 전 불쾌감장애는 주요 우울장애와 유사한 증상을 보이고, 평균적으로 12세부터 시작되기 때문에 십대 청소년들도 경험할 수 있다. 월경 전 불쾌감장애의 필수 증상은 불안정한 기분, 과민성, 불쾌감 그리고 불안 증상이며, 이러한 증상들은 반복적으로 월경주기 전에 시작되고 월경 시작 또는 직후에 사라진다. 월경 주기에 행동 및 신체 증상이 동반되기도 하는데, 생활 전반에 부정적인 영향을 미친다.

월경 전 불쾌감장애가 현재 우울장애 안에 포함되어 있지만, 최근 연구에 따르면 월경 전 불쾌감장애는 생물학적으로 우울증과 크게 다른 질환으로 봐야 한다는 주장도 있다. 따라서 우울증 치료 방식으로 월경 전 불쾌감장애를 치료하는 데 한계가 있을 수도 있다. 그러나 앞으로 우울증과 월경 전 불쾌감장애의 생물학적 기제에 대한 연구가 더 많이 진행되면 월경 전 불쾌감장애에 대한 효과적인 치료법도 다양해질 수 있다.

재발성 주요 우울장애(Recurrent Depressive Disorder)

아동 · 청소년 우울증은 보통 적절한 치료를 통해서 80% 이상에서 회복을 보인다고 알려져 있다. 그런데 간혹 이러한 치료의 과정에도 불구하고 회복 반응이 낮고 증상 재발을 반복하는 경우에는 재발성 주요 우울장애일 가능성이 크다. 재발성 주요 우울장애는 환경적 요인보다는 기질적 요인과 더 많이 관련된다. 재발성 주요 우울장애를 보이는 아동과 청소년들은 스트레스를 견딜 수 있는 능력이 매우 부족한 경우가 많은데, 연구결과 취약한 유전적·뇌신경학적 구조가 원인이 되고 있다는 것이 밝혀졌다. 재발성 주요 우울상애는 계절을 가리지 않고 언제든지 경험할 수 있지만 특히 계절이 바뀌는 시기에 경험하는 재발성 주요 우울장애를 계절성 정서장애Seasonal Affective Disorder라고 진단한다. 아동의 약 3%에서 계절성 정서장애가 나타난다고 알려져 있다.

재발성 주요 우울장애는 약물치료에 대한 반응도 낮은 경우가 많아서 가볍게 여겨서는 안 되고, 적극적이고 지속적으로 치료하고 관리하는 것이 매우 중요하다.

양극성 장애(Bipolar)

✎ 중학교 3학년인 세연이(가명)는 중학교 2학년 1학기를 마칠 때쯤 무기력감과 짜증이 많아지는 느낌을 받았다. 예민한 기분 상태 때문에 부모와 마찰이 자주 일어나기도 했다. 공부에 집중이 잘 되지 않아서 불안감이 커져 갔고, 부모님도 자신의 어려움을 이해하지 못한다고 생각하면서 자해 충동까지 느끼게 되었다. 그런데 이렇게 힘든 한 달 정도를 지내고 난 뒤 이유 없이 기분이 회복되게 되었다. 정확하게는 기분이 완전하게 달라져서 희망과 의욕이 강해지는 느낌이었다. 부모도 세연이가 이제 심한 사춘기를 벗어나는 것인가 싶어 안노하게 되었나. 우울감에서 벗어난 세연이는 뭔가 자신감이 넘치게 되면서 다시 공부를 열심히 하고, 공부 외 여러 가지 외부 활동에 대한 계획도 세우기 시작했다.

개인적으로 해야 할 일들이 많아져서 수면시간도 4시간 정도로 줄었지만 피로감이 느껴지지 않았다. 하지만 활기차고 에너지 넘치는 시기들이 얼마간 지속되고 나서 세연이는 다시 무기력감에 빠져들기 시작했다. 부모는 세연이가 갑자기 너무 열심히 살려고 하다가 심리적으로 소진된 것이 아닌가 싶어서 지켜보려고 했지만 세연이가 자해 시도를 한 것을 알고 나서는 병원에서 진료를 받았다. 세연이는 심리평가 결과 양극성 장애 진단을 받았다.

청소년인 세연이가 진단받은 '양극성 장애'는 그 증상이 대부분 성인기에 시작되는 것이 일반적이지만 드물게 아동과 청소년 시기에도 발생하기도 한다. 양극성 장애는 깊은 슬픔의 시기와 고도로 행복한 시기, 한없이 무기력한 시기와 의욕이 넘치는 시기를 오고가며 반복하는 현상이다. 양극성 상태로 진단된 아동 청소년의 40%는 먼저 주요 우울장애를 경험한다고 한다. 그러나 아동기 및 청소년기에는 우울증과 조증의 사이클이 일정하지 않은 경우가 많아서 양극성 장애를 발견하기가 어렵다. 특히 아동의 양극성 장애는 ADHD와의 구분이 매우 어렵다고 알려져 있는데, ADHD로 진단받은 아동의 30%가 결국 양극성 장애 진단을 받는다는 연구결과가 있다. 양극성 장애는 세 가지 유형의 하위 진단으로 나뉜다.

제I형 양극성 장애(Biopolar Disorder-I)

제I형 양극성 장애가 발생하는 평균 연령은 약 18세라고 알려져 있지만, 간혹 이보다 더 어린 연령에서도 나타날 수 있다. 이 장애를 가지고 있는 아동·청소년은 피곤하고 무기력하며 희망이 없는 것처럼 느껴지는 우울증의 시기를 지나다가 어느 순간 활동성이 높은 상태에 들어간다. '조증'의 시기에 이들은 식욕이 강해지고 잠을 자고 싶어 하지 않는다. 또한 크게 빨리 말하고 충동적인 행동이 증가하기도 한다. 이들은 자신의 능력에 대해 강한 자신감을 갖게 되면서 자신이 반에서 가장 운동을 잘 하거나 가장 똑똑하다고 여기지만 실제로는 이와 다를 수 있다. 보통 아동에게서는 활동의 증가를 확인하기 어려운 경우가 많기에 과거에 보이지 않았던 부적절한 행동 패턴이 나타나고 있지는 않은지 관심을 갖고 판단해 보는 것이 도움이 될 수 있다.

제II형 양극성 장애(Biopolar Disorder-II)

제II형 양극성 장애는 우울증 기간이 최소 2주 이상으로 긴 것에 비해 조증의 기간이 비교적 짧고 조증의 상태도 경미한 수준이라는 특징을 갖는다. 조증의 상태가 일상에 지장을 주지 않을 정도로 약하기에 그 심각성도 크지 않을 것이라 생각할 수 있지만 증상 자체가 쉽게 낫지는 않고 우울증 기간이 길기 때문에 더심각한 고통을 초래할 수 있다. 아동기에 이 장애가 얼마만큼 발병하는지 확실히 알려지지 않았지만 청소년 후반부터 시작되고, 흔히 우울증부터 시작된다고 알려져 있다. 또한 알코올이나 중독성 약물의 남용, 자살 시도 등 충동적 행동이 증가하는 경향이있다.

순환성 장애(Cyclothymic disorder: CD)

순환성 장애는 양극성 질환 중 가장 적게 진단되는 질환 중 하나이다. 우울증과 조증의 상태 모두 경미한 수준으로 나타나기 때문이다. 아동 · 청소년이 적어도 1년 동안 기분 변화를 경험해야 순환성 장애 진단을 내릴 수 있는데, 지속 시간이 짧고 강도가 약한 우울증의 기간을 보내다가 에너지가 넘치고, 청조성이 증기하며 짜증이 주기적으로 일어나는 정도의 조증을 경험하는 것이 특징이다. 기분저하증과 마찬가지로 순환성 장애도 아동·청소년 자신에게 심각한 문제로 인식되지 않는 경우가 많고, 타인에게도 그저 쉽게 흥분하거나 변덕스러운 대상으로 인식되기가 쉽다. 그러나 순환성 장애도 그 증상의 정도가 경미한 것에 비해 잘 낫지 않는 특성이 있어서 아동·청소년의 학업 성취 저하와 대인관계적 손상을 불러올 수 있다. 또한 잘 치료하지 않으면 증상이 악화되어 제Ⅰ형 양극성 장애로 전환될 수 있다.

우울 증상들의 감별 진단

우울증의 주요 증상들은 다른 진단의 증상들과 유사하게 보여 정확한 진단이 어렵다. 때로는 다른 진단의 증상들과 동반되어 나타나기도 한다. 우울증과 다른 증상을 구별하거나 증상들이 생겨난 시기들을 탐색하여 다른 증상들 간의 상호 관련성을 파악하면 우울증에 대한 치료에 도움이 될 수 있다.

불안장애	• 불안장애는 기분과 수면, 집중력에 영향을 주지만 우울증과 달리 불안을 유발하는 상황을 피할 수 있으면 진정된다. • 우울증을 가진 아동들도 분리불안장애를 가진 아동들처럼 집을 떠나는 것을 두려워할 수 있으나, 애착 대상에게 곤란한 일이 일어날 것에 대한 걱정 때문이 아니라 낮은 활력과 외부 활동에 대한 낮은 동기 때문이다. • 불안장애는 종종 우울증보다 먼저 나타나거나 함께 나타난다.
적대적 반항장애	• 우울증이 있어도 적대적 반항장애 증상과 비슷한 과민한 기분과 분노 발작이 일어날 수 있다. 그러나 이런 증상은 대부분 우울증이 심해진 기간에만 나타난다. • 적대적 반항장애와 우울증은 함께 나타날 수도 있다.
주의력결핍 행동장애 (ADHD)	• 우울증이 있어도 집중력 문제가 나타날 수 있다. • ADHD와 그에 대한 약물치료가 기분, 수면, 식욕에 영향을 줄 수 있다. • 많은 경우 ADHD가 우울증보다 먼저 발병하고 우울증은 ADHD 증상을 더욱 악화시킨다.
강박장애	• 우울증에도 강박장애와 비슷하게 부정적인 생각을 계속하는 '반추 사고'가 나타날 수 있지만 강박행동과 연결되지는 않는다. • 우울증은 강박장애로 인해 부차적으로 나타나거나 그와 상관없이 동반되어 나타날 수도 있다.
적응장애	• 한 개인이 스트레스에 대한 반응으로 우울증과 비슷한 증상을 보일 수 있다. • 스트레스 반응 증상이 주요 우울장애 기준을 만족한다면 적응장애가 아닌 우울증으로 진단해야 한다.
외상 후 스트레스 장애	• 외상 후 스트레스 장애도 집중력과 수면장애를 일으킨다. • 우울증은 외상 사건 이후에 나타날 수도 있고, 그렇지 않을 수도 있다. • 외상 후 스트레스와 우울증 모두 비슷한 스트레스 요인으로 인해 위기가 높아지기 때문에 함께 나타나는 경우가 많다.

사별	• 사별로 인한 스트레스는 우울증을 촉발할 수 있다. 특히 아동과 청소년에게 부모와의 사별은 치명적인 스트레스 요인이다. • 과거에 우울증의 개인력이나 가족력이 없다면 사별로 인한 강한 우울감은 우울증으로 진단될 수 있다.
중독장애	• 환각제 관련 물질들의 일부 효과는 우울증 증상과 유사하다. • 물질 남용은 우울증과 함께 나타나며 서로 위험을 상승시킨다.
섭식장애	• 우울증에도 섭식장애에서 나타나는 심각한 체중 감소가 나타날 수 있지만 체중 감소에 대한 욕구나 체중 증가에 대한 두려움과 관련한 것은 아니다. • 폭식은 양극성 장애와 연관될 수 있다. • 우울증과 섭식장애는 자주 함께 나타난다.

장애로 진단되지는 않는 경미한 우울증

우울 경향을 보이기는 하지만 아동과 청소년의 사고와 행동이 일정한 임상 장애 기준을 충족시키지 못할 경우 진단이 유보될 수도 있다. 또한 우울 증상이 실제로 존재하기는 하지만 진단 가능한 수준에 달하지는 못하는 경우도 있다.

조기 발견한 우울증은 이후 임상적 수준의 우울증으로 발전할 위험을 가지고 있지만 적절한 도움과 개입을 통해서 장애로 이어지지는 않을 수도 있다. 경미한 우울증의 단계에서도 상담 치료가 필요하다. 또한 부모의 양육 태도 변화도 매우 중요하다. 최근의 연구결과에서 부모가 자녀의 강점을 자주 언급하여 인식하게 해 주고, 부정적 사고방식을 긍정적으로 전환할 수 있도록 도우며, 학습된 무기력감을 성취감 또는 만족감으로 느낄 수 있게 돕는 활동을 제공하는 것이 임상적 수준의 우울로 심화되는 것을 막는다는 것이 입증되기도 했다.

***

자녀에 대한 임상적 수준의 우울증 진단은 부모가 자녀의 증상을 지켜보면서 오랫동안 불안해하고 고민했던 것들의 실체와 직면하는 힘든 경험이지만, 자녀가 겪는 고통에 대한 원인을 알게 되었다는 안도감도 느끼게 한다. 그러나 진단이 불러오는 부모의 감정은 보다 더 복잡하다. 원인은 알게 되었지만 앞으로 어떤 일이 일어날지, 혹은 어떤 일들을 해야 할지 알지 못하기 때문이다. 자녀가 우울증 진단을 받은 것이 부모인 자신이 좋은 양육을 하지 못한 결과라는 죄책감을 갖는다. 또한, 자녀가 우울증 진단을 받은 것에 대해서 다른 사람들이 알게 되면 어떻게 반응할지에 대해 불안해하기도 한다.

우울증에 대한 진단이 아동·청소년 자녀를 돕는 첫 관문으로 활용되기 위해서는 이에 대한 부모의 인식과 반응이 매우 중요하다. 자녀의 우울증 진단으로 인해 부모가 느끼는 두려움, 불안은 매우 자연스러운 감정이다. 하지만 부정적 감정에 압도되어 있을 수만은 없다. 진단을 '낙인'으로 여기는 것이 아니라 자녀의 어려움에 대해 이해하게 하고 적절한 치료 방향과 방법을 계획하게 하는 과정으로 받아들여야 하는 것이다. 진단에 대한 부모의 태도가 자녀에게도 큰 영향을 준다. 진단에 대해 심하게 거부감을 느끼거나 저항하는 부모의 태도가 자녀의 심리적 불안감을 더욱 가중시킬 수 있다. 자녀에게 우울증 진단이 내려졌다 할지라도, 이것은 다루어야 할 '하나의 문제'일 뿐 자녀의 정체성으로 이어지는 것은 아니라는 점을 기억해야 한다.

경미한 우울 수준의
아동 · 청소년을 위한 양육 지침

임상적 수준의 우울증으로 진단할 수 없지만 경미한 수준의 우울 경향을 보이는 아동과 청소년을 위해 참고할 수 있는 양육 지침은 다음과 같다. 이는 우울 경향성이 더 심화되지 않게 하는 '예방적 의미'가 있다.

자녀에게 몸과 마음이 쉴 수 있는 시간이 필요하다

한국보건사회연구원2017의 보고서에 따르면, 우리나라 초등학생이 하루 평균 부모와 보내는 시간이 48분밖에 되지 않는다고 한다. 하루 평균 학습 시간은 6시간 49분인데, 하루 평균 여가 시간은 고작 49분인 것으로 나타났다. 높은 학업 성적을 강조하는 사회 분위기 속에서 많은 시간을 학습하는 시간으로 보내야 하는 우리 아동 · 청소년들의 마음 건강은 제대로 지켜지고 있는 것일까? 자신의 나이와 학년에 맞게 학업 수준을 따라가야 하는 것도 물론 중요하다. 낮은 학업 성취가 일부분 우울증의 원인이 될 수도 있지만박현주, 2014, 아동 · 청소년이 몸과 마음을 쉴 수 있는 시간은 충분하게 보장되어야 한다. 스트레스에 계속해서 노출되는 환경이 우울증을 높인다는 것을 생각할 때 아동·청소년에게 충분히 이완할 수 있는 시간이 주어지는 것은 우울증 위험을 그만큼 줄일 수 있는 길이기도 하다. 이런 의미에서 자녀의 '놀이 시간'은 단순히 노는 시간이 아니다. 사회적 과업으로부터 지친 몸과 마음을 쉬면서 필요한 에너지를 재충전할 수 있는 이완 시간이다.

자녀와 친밀하고 안정적인 관계를 만들어 나간다

아동과 청소년 우울증의 주요 원인 중 하나는 부모-자녀 관계 및 양육 태도이다. 연구에 따르면, 청소년이 부모와의 친밀감이 낮고 부모가 엄격하다고 지각할수록, 부모의 자녀양육 태도에서의 비일관성, 그리고 처벌 및 과잉기대가 높을수록 청소년의 우울 증상이 심하다는 보고가 있다김동영 외, 2015. 아동 자녀와의 친밀감 형성 방법 중 하나는 '놀이'이다. 아동 자녀에게는 혼자 놀이하는 시간도 중요하지만 부모와의 놀이 시간이 무엇보다 중요하다. 아직 언어 발달이 충분하게 이루어지지 못한 아동에게 '놀이'는 하나의 언어이기에 부모가 어린 자녀와 놀아 주는 것도 일종의 대화가 될 수 있다. 이러한 놀이는 자녀의 우울증을 경감시키는 데 도움을 줄 뿐만 아니라 예방에도 도움이 된다.

한편, 청소년 자녀와는 친밀감 형성이 더 어렵다고 느껴질 수 있다. 청소년 자녀가 더 어렸을 때 부모와 친밀한 관계를 적절히 맺어 왔다 하더라도 자녀의 청소년기는 부모와의 관계에 변화를 가져올 수 있다. 부모로부터 심리적인 독립을 시작하는 청소년기의 특성이 예전과 다른 서먹한 관계로 느껴지게 한다. 이 시기에는 자녀가 좋아하는 것들에 관심을 기울이면서 그것에 대해 '그저 경청하는 것'이 도움이 된다. 간단한 대화도 익숙하지 않다면 자녀가 좋아하는 음식을 함께 먹으러 가는 등 '그저 함께하는 것'부터 시작한다.

정서 조절 능력을 키울 수 있게 돕는다

앞서 언급하였듯이, 정서 조절 능력도 아동·청소년 우울증의 원인이 된다. 이는 자녀가 자신의 정서 조절 능력을 얼마나 키울 수 있느냐에 따라 우울증 경험 정도가 달라질 수 있음을 의미한다. 자녀의 정서 조절 능력을 키워 주기 위해서는 자녀의 부정적 감정 표현에 대한 부모의 반응 태도가 중요하다. 자녀가 짜증이나 울음으로 감정을 표현할 때 부모가 이를 견디어 주지 못하고 화를 내는 경우가 있다. 자녀의 감정에 따라 부모의 감정 또한 요동치는 것이다. 이러면 자녀는 정서 조절 능력을 키우기가 더욱 어렵다. 자녀가 부정적인 감정에 사로잡혔을 때 부모는 이 감정을 충분히 공감하려고 따라가 주면서도 일정한 평정심을 유지해 주는 것이 좋다. 자녀는 이 과정에서 부모와 함께 자신의 감정을 조절하고 조율하는 경험을 하게 된다. 이런 경험이 반복되면서 자녀에게 적절한 정서 조절 능력이 내재화되고 이후에는 부모의 도움 없이도 스스로의 부정적인 감정을 조절하고 조율할 수 있게 된다.

자존감을 키울 수 있게 돕는다

자아존중감도 우울증에 영향을 미치는 중요한 요인 중 하나로 꼽힌다. 연구에 따르면, 낮은 자아존중감은 정서적 부적응과 관계가 있으며, 아동의 자아존중감은 불안과 우울증에 부적 상관을 보인다[최영희 외 2002]. 자아존중감은 아동뿐만 아니라 청소년의 우울증에도 영향을 끼치는 것으로 나타난다[김지영 외. 2010]. 자아존중감이 높을 경우 좌절과 실패 상황에 처해도 이를 자신의 존재적 가치와 구분할 수 있기에 극복이 빠르다. 하지만 자아존중감이 그렇지 못할 경우 부정적 감정에 쉽게 사로잡히게 되어 우울증이 유발될 가능성이 높아진다. 자녀의 자아존중감을 키워 주기 위해서도 자녀에 대한 부모의 공감적인 태도는 매우 중요하다. 이를 바탕으로 자녀가 하고 싶어 하는 것들을 최대한 허락해서 주도성과 성취감을 경험할 수 있도록 하는 것이 중요하다. 또한 자녀의 실패를 심각하게 받아들이지 않는 것이 좋다. 이를 위해서는 무엇보다 부모가 성급한 태도를 가져서는 안 된다. 부모 자신이 자녀를 여유롭게 기다려 줄 수 있는 태도를 연습해야 한다.

우울증이 있는
아동 · 청소년을 위한 양육 지침

아동 · 청소년의 우울증에 불안정한 양육 환경이 큰 영향을 끼친다. 따라서 안정적인 양육 환경은 아동 · 청소년 우울증 완화에 있어서 매우 중요한 요소로 작용한다. 자녀의 우울증 원인이 유전적 · 생물학적 요인에 상당 부분 기인하더라도 이러한 요인이 환경적 요소와 맞물려서 더 중한 증상으로 발현될 수 있다. 따라서 자녀가 속한 양육 환경을 점검하는 것이 중요하고 변화가 필요한 부분을 인식해야 한다. 아동 · 청소년의 우울증 관리와 치료는 장기적인 관점을 가지고 이루어져야 하는 마라톤과 같은 과정이다. 부모가 자녀의 러닝메이트로서 어떤 도움을 주면 좋을지 고민하고 실천하는 것이 필요하다.

우울증 경감에 도움이 되는
여러 가지 감각 자극을 활용해 본다

우울증은 아동·청소년의 감각을 둔하게 한다. 뇌신경회로가 느려지면서 좋은 느낌과 기분을 만드는 신경전달물질이 잘 나오지 않게 된다. 따라서 이러한 감각적 상태를 대체해 줄 수 있는 자극들이 어느 정도 도움이 될 수 있다. 단, 이런 방법들은 심각한 우울증이 아닌 경미한 우울증에 효과가 있고, 단독으로 활용하기보다 전문적인 상담 치료를 보조하는 수단으로 활용하는 것이 좋다. 또한 자녀의 개인적 특성에 따라 효과가 다르게 나타날 수 있어서 상담자와 함께 상의해야 한다. 그리고 자녀와의 대화를 통해 자녀가 좋아하는 방식을 찾아가는 과정을 갖는 것이 무엇보다 중요하다.

우울증에 관련이 있는 영양소 섭취를 점검한다.

우울증에 도움이 된다는 많은 영양소들이 있지만 그중에서도 엽산, 마그네슘, 비타민12를 주목해 볼 만하다. 연구에 따르면, 우울증을 앓고 있는 아동에게서 이 세 가지의 영양소 부족이 나타난다는 결과가 있었다. 엽산은 잎이 많은 녹색 채소, 검정콩, 바나나에 많이 들어 있고, 마그네슘은 견과류에 많으며, 비타민

12는 새우, 가리비 등의 해산물과 두부 등의 발효 식품에 많이 들어 있다고 알려져 있다. 그러나 이런 영양소도 과다 복용하면 오히려 부작용이 있을 수 있다. 따라서 자녀에게 이런 영양소가 결핍되어 있는지를 검사해 본 후 의사와의 상의하에 섭취량이나 섭취 방식을 결정하는 것이 좋다.

우울증의 예방과 감소에 도움을 줄 수 있다고 소개된 음식들도 있다. 물론 이 음식들 자체로 우울증을 완벽하게 예방하거나 치료할 수 있다고 믿는 것은 금물이다. 어디까지나 보조의 목적으로만 활용하는 것이 좋다.

🔵 우울증에 도움이 된다고 알려진 음식들	호두 (오메가-3 지방산)	연구를 통해 뇌 기능을 지원하고 우울증 증상을 감소시키는 것으로 알려진 오메가-3 지방산이 가장 많이 들어 있다.
	베리류 (항산화제)	연구에 따르면, 우울증 환자들이 항산화제를 2년 동안 섭취한 결과 우울증 증세가 크게 낮아진 것으로 보고되었다. 블루베리를 비롯해 라즈베리, 블랙베리, 딸기 등의 베리류에는 항산화제가 많이 들어 있다.
	버섯 (프로바이오틱스)	장에 있는 신경 세포가 우울증과 깊은 관련이 있는 신경전달 물질인 세로토닌의 80~90%를 생산한다고 알려졌다. 버섯에는 건강에 좋은 장내 세균을 촉진하는 프로바이오틱스가 들어 있기 때문에 세로토닌의 정상적인 생산에 도움을 줄 수 있다.
	토마토 (엽산과 알파리포산)	연구에 따르면, 우울증 환자의 약 3분의 1에게서 엽산 결핍 현상을 보인다고 보고되었다. 엽산은 아미노산의 일종인 호모시스테인의 과잉을 막는데, 호모시스테인은 우울증과 관련이 있는 세로토닌이나 도파민 같은 중요한 신경전달물질의

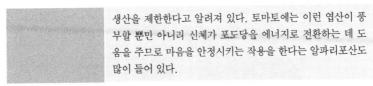

생산을 제한한다고 알려져 있다. 토마토에는 이런 엽산이 풍부할 뿐만 아니라 신체가 포도당을 에너지로 전환하는 데 도움을 주므로 마음을 안정시키는 작용을 한다는 알파리포산도 많이 들어 있다.

출처: 코메디닷컴(http://kormedi.com), 건강을 위한 정직한 지식.

일정량의 햇빛을 보게 하고 적당한 운동을 하게 한다.

여러 연구에서 이미 아동기 때의 적당한 빛 쬐임과 운동이 정서 안정에 도움을 주고, 특히 우울증을 경감하게 하는 데 관련이 되는 신경전달물질 분비에 도움이 된다는 결과들이 있다. 부모는 태양 빛이 집안에 충분히 들어오게 하는 것이 좋고, 자녀에게 어느 정도의 에너지가 있다면 단 몇 분이라도 외부로 나가는 활동을 할 수 있도록 격려하는 것이 좋다. 물론 우울증의 증상이 심각할 때는 약간의 움직임을 갖는 것도 엄두 낼 수 없을 정도의 무기력감이 자녀들을 압도할 수 있지만 최소한의 움직임을 목표로 자녀들을 격려할 필요가 있다. 예를 들어, "누운 몸을 일으켜 세워 보는 것만으로도 기분이 나아질 거야."와 같은 격려이다. 이런 최소한의 목표를 시작으로 '방 밖에 나오기' '샤워하기' '가볍게 산책하기' 등으로 단계를 올려가는 것이 좋다.

기분 좋은 감촉을 느낄 수 있게 해 준다.

감촉은 스트레스 호르몬인 코르티솔 생성을 줄여 주고 안정감을 향상시키는 옥시토신 분비를 촉진한다. 요즘 아동들에게 '슬라임'과 같이 말랑하거나 부드러운 혹은 끈적거리는 재료의 놀잇감이 인기인데, 자녀가 이런 놀잇감을 선호한다면 그것을 충분히 가지고 놀면서 경험할 수 있도록 하는 것도 도움이 된다. 또한 '샤워하기'도 우울증이 있는 아동·청소년에게 도움이 되는 감촉 자극일 수 있는데, 따뜻한 물이 피부 감각을 깨우고 기분을 진정시키는 효과를 줄 수 있다. 샤워를 할 때 후각을 자극할 수 있는 좋은 향의 비누나 바디 클렌저를 사용하면 효과를 증대시킬 수 있다. 또한 자녀의 발이나 손 마사지, 등이나 팔 쓰다듬어 주기, 부드러운 포옹 등의 스킨십도 우울증으로 둔마된 감각을 깨워 주는 좋은 감촉이 될 수 있다. 다만 청소년의 경우 신체적 접촉을 불편해할 수 있으므로 자녀의 의사를 확인하여 원할 때만 시도해야 한다.

우울증을 완화하는 데 도움이 되는 소리를 듣게 해 준다.

자녀의 기분을 전환시키거나 마음을 평온하게 할 수 있는 음악을 듣도록 독려하거나 자연의 소리를 담은 음향 효과를 활용하기도 한다. 혹은 오디오 북을 통해 건강한 유머나 깊은 영감을 제공하는 특별한 이야기를 듣게 하는 것도 좋은 방법이다. 그러나 무엇보다 부모로서 사랑과 격려가 담긴 목소리를 전달하는 것만큼 강력한 것은 없다. 애정이 담긴 사람의 목소리가 옥시토신의 수치를 상승시킨다는 연구결과도 있다. 자녀의 사소한 노력과 변화에 대해서도 사랑으로 격려하고 칭찬하는 표현을 전할 수 있어야 한다. 단, 때로는 고요함에 머무는 시간도 필요하다. 주변의 소리 자체에 예민해지고 고립되어 있기를 원하는 증상 자체가 우울증의 특징일 수 있으나 자녀가 원한다면 부모의 세심한 관찰과 점검 아래 조용히 혼자 있는 시간을 가질 수 있도록 허락하는 것도 좋을 수 있다.

{ 우울증에 대해 개방적이고 수용적인 환경을 만들어 준다 }

아동·청소년의 우울증은 그 자체로 심한 감정 기복을 보이게 한다. 청소년의 경우 우울증이 자신의 삶에 미치는 영향에 대한 절망과 괴로움을 분노의 방식으로 표현할 수도 있다. 이때 자녀가 불안이나 걱정 없이 부모에게 와서 자신의 슬픔과 고통을 표현할 수 있도록 해 주어야 한다. 아동의 경우 부모와의 놀이 때 활력이 부족하거나 충분히 즐겁지 않은 듯한 모습을 보일 수 있다. 그러나 부모가 걱정이 되어 일부러 분위기를 밝게 전환하려고 시도하기보다는 그 자체를 충분히 수용하고 머물러 줄 필요가 있다. 또한 형제 자매가 있는 경우, 우울증이 있는 자녀에게만 관심이 과도하게 집중되지 않도록 다른 자녀들과도 시간도 가져야 하고 이에 대한 중요성을 우울증이 있는 자녀도 이해할 수 있도록 해야 한다. 가정 안에서 우울증에 대한 이야기를 금기하기보다 개방하여 나눌 수 있다. 그러나 농담이나 놀림이 우울증에 대한 수치심을 주는 것이 되지 않도록 주의할 필요가 있다.

아동 · 청소년 자녀와 우울증 자체에 대해 대화한다

부모들은 자녀가 가진 증상에 대해 이야기를 나누는 것에 대해 부담을 느낀다. 또한 자녀와 우울증에 대해서 이야기하면 그 개념을 확인시키게 함으로써 자녀의 마음을 더 불안하게 하거나 증상을 악화시킬지도 모른다는 두려움을 갖는다. 그러나 자녀와 함께 우울증에 대해 이야기하면 실제로는 증상을 감소시키는 데 도움이 된다. 자녀로 하여금 자신이 혼자가 아니고 관심과 지원을 받고 있음을 알게 하면서 안심시킬 수 있기 때문이다. 물론 이런 대화가 억지로 이루어져서는 안 된다. 많은 경우 언어적 표현의 어려움 사체가 우울증의 증상일 수 있기 때문이다. 따라서 자녀가 원하는 경우, 원하는 방식으로 우울증에 관련한 이야기가 언제든 환영된다는 분위기를 조성한다는 것이 핵심이다.

우울증이 있는 자녀라고 할지라도 행동에 대한 책임을 배우게 해야 한다

우울증이 있다고 할지라도 자신의 욕구를 조절하고 약속을 지키며 행동에 대한 책임을 지는 연습을 해야 한다. 예를 들어, 간단한 집안일을 돕거나 자신의 방을 정리하는 것 등이다. 이런 행동 약속들은 책임감을 배우게 하는 데도 도움이 될 뿐만 아니라 그런 행동 자체가 우울증을 경감시키게 하는 최소한의 움직임이 되는 효과가 있다. 다만 우울증이 자녀의 생각이나 행동의 속도를 느리게 하므로 증상의 특성을 고려하여 목표 수준을 낮추어야 한다. 예를 들어, 집안일을 돕게 한다면 그것이 청소든 설거지이든 준비해야 하는 목록을 나누고 순차적으로 제시하여 하나씩 해결하도록 하는 것이다. 여러 개를 다 할 수 없다면 청소 중 바닥에 있는 물건만 정리하기, 설거지 중 컵만 닦아 놓기 등으로 최소한의 것을 하도록 시킬 수도 있다. 또한 실행 시간을 자녀가 할 수 있는 것보다 넉넉하게 제공해야 한다. 또한 지켜야 할 가족 규칙에 대해서 다른 가족 구성원과 동일하게 지킬 수 있도록 한다. 이때 규칙을 잘 지키면 긍정적 보상을 주고 지키지 못하면 지키지 못했을 때 받아야 하는 벌칙에 대해 수용하도록 해야 한다. 가장 중요한 것은 자녀가 이에 대해 수용하고 실천하려고 하는 노

력을 적극적으로 지지하는 것이고, 때때로 실패할지라도 계속적
인 지지를 보내 주어야 한다.

부모 자신의 스트레스를 적절하게 관리한다

특정한 스트레스 요인에 의한 일시적 우울은 회복 또한 상대적
으로 빠를 수 있다. 이와는 달리 기질적 요인이 상당 부분 작용하
는 우울의 경우에는 자녀의 우울을 조절하고 관리하는 데 더 많
은 시간을 쏟아야 할 수도 있다. 이 때문에 부모는 자녀의 우울증
을 보살피는 데 있어서 감당할 수 있는 에너지를 넘어선 많은 양
을 사용하고 있는지 스스로를 점검해야 한다. 자녀의 우울을 돕
기 위해 모든 것을 혼자 감당해야 한다고 생각하거나 온전히 몰

입해야 한다는 이상적인 기대 수준을 내려놓아야 한다. 때로는 다른 가족 구성원이나 이웃, 친구들의 도움을 받을 수 있어야 하고, 스트레스를 해소할 수 있는 최소한의 시간 여유를 확보해야 한다. 또한 때때로 자녀의 우울증에 대해 버겁다고 느끼며 화가 나는 현실을 수용한다. 우울증에 걸린 자녀에게만이 아니라 부모 자신을 다독이고 응원할 수 있어야 한다.

＊＊＊

자녀를 위해 자신의 양육 태도를 변화시키려고 하는 부모에게 가장 필요한 마음은 '여유'와 '근기'다. 여기에서의 여유는 부모 자신에 대한 기대 목표를 너무 완벽하게 두지 않는 것을 의미한다. 언급된 양육 지침을 모두 단번에 다 지켜 나가야 한다는 부담을 갖기보다 부모가 시도해 보기에 가장 쉬운 것부터 시작한다. 이때 가장 중요한 부분이라고 여겨지는 것부터 시작하여 확장시켜 나가는 것이 좋다. 또한 근기는 양육 태도 변화 과정에서의 시행착오를 수용하고 견디는 힘으로 설명할 수 있다. 부모가 양육 태도를 변화시킨다고 해도 자녀의 우울증이 단번에 개선되지 않을 수도 있다. 그러나 이런 변화가 유지되는 시간 가운데 자녀는 조금씩 변화해 가고 어느 순간 자녀의 변화를 느낄 수 있다. 새로운 시도를 충분히 유지하면서 자녀의 세밀한 변화를 살펴야 한다. 참고할 만한 좋은 양육 지침들이 많이 있지만, 실제로 적용하고 시행착오를 겪으면서 자녀에게 가장 효과적인 방법을 확인하고 찾아가야 한다.

부모의 양육 태도를 점검하고 변화시키며, 새로운 시도들을 하는 목적은 단순히 자녀 우울증 경감이 아니다. 자녀의 우울증은 오히려 인식하지 못하거나 회피하고 있었던 부모-자녀 문제를 확인하고 변화시킬 수 있는 기회일 수 있다. 아동·청소년 자녀가 가지고 있었던 마음의 고민과 상처를 새롭게 이해하고 공감하면서 자녀와의 관계를 새롭게 하려는 목적으로 양육 태도를 변화시켜 나갈 때, 결과적으로 자녀의 우울증도 변화될 수 있다.

우울증이 있는 아동·청소년의 자해 문제 다루기

자해 행동을 한다고 해서 모두 우울증이 있다고 간주할 수 없지만, 우울증이 있을 때 자해 행동 가능성이 높아진다. 우울증이 있는 아동·청소년에게 자해의 흔적을 발견했을 때는 즉시 전문적인 정신과적 도움을 구해야 하고, 이것이 자살의 의도를 포함하고 있는지 아닌지를 판별하는 것이 중요하다. 자살의 의도는 없으나 자해를 시도하는 경우 그 자해의 원인을 이해하는 것이 중요하다. 부모뿐만 아니라 자해 행동을 한 아동·청소년도 이에 대해 이해하는 것이 좋다. 한 연구에 따르면, 일반 청소년의 경우 상황을 통제하거나 관심을 얻기 위한 사회적 강화 효과 때문에 자해 행동을 하지만, 우울증이 있는 청소년의 경우 불쾌한 기분을 멈추거나 고통이라 할지라도 무언가를 느끼기 위해 자해 행동을 한다고 밝혔다. 이 외에도 아동·청소년의 자해는 자기 처벌이나 자기 수치심에 대한 표현 방식이거나 혼란스러운 상황이나 압도적인 감정을 통제하기 위한 방법으로 사용하기도 한다. 자살 의도가 없는 자해 행동이라 할지라도 이것이 이후 고의적 자살로 이어질 수 있다는 연구결과가 있는 만큼 아동·청소년 자해 행동은 중요하게 다루어져야 할 문제이다. 부모가 자녀의 자해 충동을 줄이는 데 도움을 줄 수 있는 몇 가지의 방법을 제안한다.

자녀의 자해 행동을 강화하는 양육 태도를 가지고 있는 것은 아닌지 점검한다

자녀가 호소하는 고통에 대해 무관심하거나 무시하는 태도를 보일 때, 혹은 그것을 '거짓말'이라고 치부하면서 오히려 부정적인 처벌을 하려고 할 때 자녀의 자해 충동은 강해진다. 또한 반대로 자녀의 자해 행동에 압도되어 자녀에게 요구하던 것늘을 철회하거나 갑작스러운 관심을 쏟아부을 때도 자녀의 자해 충동은 강화될 수 있다. 우선 부모는 자녀가 이야기하는 고통에 대해 진지한 자세로 경청하고 수용할 수 있어야 하고, 자녀가 필요로 하는 도움을 제공할 수 있어야 한다. 자녀가 요구하는 모든 것을 들어줄 수 없고 때로는 제한해야 하는 상황이 있을지라도 자녀가 스스로 최소한의 선택을 했다고 느낄 수 있는 대안을 제시하고 충분히 논의해야 한다.

자녀의 자해 유발 요인을 인지시키고 대안을 가질 수 있도록 돕는다

부모는 자녀의 자해 충동을 자극하는 스트레스 요인에 대해 이해할 수 있어야 하고, 자녀에게도 이를 알도록 할 필요가 있다. 자녀들이 인식하지 못하지만 자녀의 스트레스 상황이 커질 수 있는 특정 상황이 다가올 때 이를 미리 알려서 자녀들이 나름대로 준비할 수 있도록 해야 한다. 필요하다면 부모 자신의 스트레스 유발 요인이 무엇이고 그것을 어떻게 조절하는지에 대한 경험을 나누어도 좋다. 또한 자해 충동을 대체할 수 있는 여러 가지 전략을 알려 줄 필요가 있는데, 자해 충동이 생길 때마다 얼음을 쥐고 있게 하거나 찬물로 샤워하기, 혹은 그 자리를 벗어나 외부로 나가 달리기를 하게 한다. 자해할 때 느끼는 기분과 유사한 기분을 느끼게 할 수 있는 신경물질을 생성할 수 있는 활동을 권한다.

자녀가 자신의 자해 행동에 대해 수치심을 갖지 않도록 한다

자녀가 자해 행동을 멈추는 일은 생각보다 쉽지 않다. 자해 행동을 멈추기 위한 결단을 하고 변화를 노력하는 과정 중에도 자해를 반복하는 시행착오가 얼마든지 일어날 수 있다. 이때 부모가 자녀의 자해 행동에 대해 과잉반응을 보이거나 비판하고 큰 실망을 표현할 경우 자녀는 더 큰 수치심을 느끼고 위축되면서 또다시 자해를 하게 된다. 이런 때에도 부모는 변화의 과정에 많은 시간이 필요하다는 것을 상기시키고 자녀가 보여 준 노력을 반영하고 지지해 주는 것이 중요하다.

우울증이 있는 아동·청소년의
자살 문제 다루기

　힘든 일이 있으면 시야가 좁아지면서 그 문제를 평생 해결할 수 없다는 절망감에 휩싸이면서 자살을 생각하는 경우도 있다. 특히 위험성이 높은 것은 우울증이나 조현병이 있는 경우이다.

　임상적인 수준의 우울은 어린 아동보다 청소년에게서 더 흔하다. 청소년기는 환경의 영향을 가장 많이 받기 때문에 심리적으로는 힘들고 혼란스러운 시기이다. 또한 신체적으로도 호르몬 변화가 심해서 기분이 수시로 바뀌며 관계가 복잡해지는 경우가 흔하다. 그런데 어떤 청소년은 이와 같은 청소년기의 정상적인 혼란이 임상적 수준의 우울로 이어지면서 때로는 이러한 우울감정으로 자살 사고를 가지는 경우도 있다. 아동과 청소년 우울증의 경우, 자살 사고나 자살 행동이 중요한 임상적 양상은 아니지만, 자실 사고나 지살 행동은 흔히 보이는 문제이다. 우울증을 앓고 있는 아동의 60%가 자살 염려의 사고를 가지고 있으며, 30%가 실제 자살 시도를 한다. 연구에 따르면 2019년 청소년 사망 원인으로 자살이 37.5%를 차지하여 청소년 사망 원인 1위가 되었다. 청소년 자살 사고에 영향을 미치는 위험 요인들 중 우울이 높은 상관관계를 가지고 있는 것으로 나타났는데, 우울이 높을수록 자살 생각을 많이 하고 자살 계획을 한 경험이 있는 청소년이 그렇지 않은 청소년보다 우울이 더 높다는 결과가 나왔다이상은 외, 2021. 또한 2018년 '자살실태조사'를 통해서도 최근 4년간 아동과 청소년의 자살률이 55% 정도 증가한 것으로 나타난다. 극단적인 선택을 한 학생은 고등학생이 67.2%로 가장 많았고, 중학생29.8%, 초등학생3%이 그 뒤를 이었다.

자살의 전조 사인은 자살을 언급하거나 자포자기를 하거나 자

[아이들과 죽음에 대해 이야기할 때 도움이 되는 팁]

- 발달단계에 따른 죽음에 대한 생각은 다음과 같다.
  - 전조작기(유아기): 모든 물건이나 사람은 살아있고 죽을 가능성이 있다고 생각한다.
  - 구체적 조작기(학령기 전기): 외부 요인이 죽음을 초래한다고 생각한다. 죽음을 의인화하여 일시적인 사물로 보기도 한다.
  - 형식적 조작기(학령기 후기): 내부의 생물학적 과정을 통해 죽음에 이르게 된다고 여기며, 죽음이 최종적이라고 생각한다.
- 아동의 발달단계가 높아질수록 죽음이 비가역적이며 영속적인 사건이라는 것을 이해한다.
- 아동의 인식의 수준이 개인적 경험이나 감정 상태에 따라 죽음의 개념에 중요한 영향을 미칠 가능성이 있다.
- 사춘기 이전의 자살은 거의 드물지만, 사춘기 이후 증가한다.
- 사춘기 이후의 자살 시도는 여자 청소년이, 자살을 하는 경우는 남자 청소년이 많다.

신의 용모에 대해 신경을 쓰지 않는 것 등이다. 이러한 사인을 알게 되면 자녀에게 '너를 걱정한다'는 것을 솔직히 전달하면서 죽고 싶은 마음이 들 때가 있는지 솔직하게 물어보는 것이 필요하다. 자녀가 힘든 이야기를 시작하면 자녀의 이야기를 충분히 들어 주는 것이 중요하다. 이때 불필요한 논쟁은 피해야 한다. 또한 자살의 위험성이 있을 때는 자녀를 혼자 두지 않는 것이 좋다.

🖉 중학교 2학년인 현아(가명)는 부쩍 심해진 우울감 때문에 상담 기관을 찾게 되었다. 현아는 언제부터인가 아무것도 할 수 없을 것 같은 무기력감을 느끼기 시작했다. 처음에는 '기분' 수준으로 시작되었으나 점차 신체적으로 느끼는 피로감 및 묵직함이 심해지면서 그냥 누워만 있고 싶은 날들이 늘어났다. 현아는 최근에 느꼈던 자살 사고를 이야기하다가 자신이 처음 자살 충동을 느꼈던 때가 6세였다는 언급을 했다. 당시 현아의 부모들은 부부싸움이 잦았는데, 현아는 부부싸움을 목격할 때마다 큰 불안감이 엄습하여 두려웠고, 그 고통을 느끼고 싶지 않아서 죽고 싶다는 생각을 했다고 하였다. 🖉

아동의 자살은 드물지만 실제로 발생할 수 있는 일이다. 2013년 한국자살예방센터의 아동·청소년 자살 연구 자료에 따르면, 국내 최연소 자살 아동의 나이는 6세였다. 2018년 통계청 자료에 따르면, 2000년부터 2018년까지 자살로 사망을 한 5~9세의 아동이 총 26명이었고, 2014년에서 2018년 동안 자해 및 자살 시도를 한 아동이 응급실을 찾은 횟수가 173회에 달했다.

우울증이 아동 자살의 절대적 원인은 아니나 아동의 우울증이 심화되면 자살 충동의 위험성은 증가할 수 있다. 아동 자살의 원인이 되는 우울증은 부모와의 관계로 인해 시작되는 경우가 많다. 이는 부모에 대한 아동의 심리적 의존이 매우 크기 때문이다. 부모의 관심 부족이나 지나친 통제, 부부 갈등 등이 부정적 영향을 미칠 수 있다. 이와 함께 또래관계 문제, 낮은 사회적 지지 또한 아동의 심리를 불안하게 하는 외부 요인으로 작용할 수 있는데, 이러한 부정적 경험이 반복되어 급성 우울증으로 심화될 경우가 있다.

그러나 아동 자살의 상당수는 정말 죽으려고 하는 의도보다는 자신이 처한 현재의 고통스러운 상황에서 벗어나고자 하는 목적이 강하다. 한편, 또 다른 문제는 아동이 우울증 때문에 자살 충동을 느끼고 있어도 부모가 이를 인식하지 못해서 그냥 넘기는 일이 많다는 것이다. 아동 우울증은 적절한 치료 없이 저절로 나아지는 일은 매우 드물고, 방치되면 청소년 자살로 이어질 수 있다. 청소년의 자살 시도 또한 우울증과 밀접한 관련이 있을 수 있지만 성인과 달리 우울증의 징후를 보이지 않다가 순간의 충동으로 자살을 선택하는 경향을 보인다. 사소한 계기, 즉 부모의 꾸지람, 친구와의 갈등, 성적 하락 등이 자살로 이어지게 하는 사건이 될 수 있는데, 당면한 문제를 풀어내기보다 회피하는 방법으로 대처하려는 방식일 수 있다.

아동기나 청소년기의 첫 번째 자살 시도가 미수에 그쳤다면 안심할 수 없다. 이후에도 자살 시도가 반복될 수 있으며, 결국 치명적인 결과를 초래할 수도 있기 때문이다. 아동과 청소년은 자신의 정체감을 형성해 가는 과정에 있기에 성인이 될 때까지 지속적인 관심과 도움이 필요하다. 자살 사고가 강하거나 자살 시도를 했다면 좀 더 적극적인 치료를 받을 수 있도록 해야 한다.

아동 · 청소년 자살에 대한 예방

최선의 자살 예방 방법은 조기 발견이다. 아동 · 청소년 자녀가 우울증으로 인해 자살할 위험성이 높은지에 대한 판단을 위해 관련힌 위험 신호를 미리 인지하는 것이 매우 중요할 수 있다. '자살 위험의 징후들'은 다음 표와 같다.

성격 변화	눈에 띌 정도로 현저하게 슬프고, 비사교적이고, 화를 잘 내고, 심각한 정도의 우울감이 갑자기 변해서 증상들이 상당 부분 개선됨
우울	극도의 불행과 무기력을 나타냄
죽음에 관한 이야기	죽음에 관해 유달리 몰두함. 즉, 죽음 후에 무슨 일이 일어나는지 질문하거나, 결심을 적어 두거나 변화시킨 것에 관해 이야기함
자살에 대한 직간접적 암시	자신이나 자신의 삶이 무가치하다고 말하거나 아무도 관심을 가지지 않는다고 이야기함. 예를 들면, "부모님에게는 내가 없는 것이 더 나아요." 또는 "나는 얼마 못 살 거예요."와 같은 이야기를 함
분위기나 행동의 이유 없는 변화	대개 삶에 대한 감각이 극도로 부정적임. 통상적인 활동이나 취미 생활에 참여하지 않거나 그것을 즐기지 못함. 한때 즐거움을 주던 취미생활에 더 이상 흥미가 없음
수면 · 식사 습관의 변화	잠을 더 많이 자거나 잠이 없어지며, 식사를 더 많이 하거나 더 적게 하는 것 등의 변화가 있음
용모의 변화	머리카락이나 옷차림 등에 신경을 안 쓰거나 꾀죄죄함. 체중이 급격히 불거나 감소함. 얼굴 표정이 무감각해 보이고 변화가 없어 보임. 눈빛이 분명하게 움직이지 않고 생기가 없고 어두움
후퇴와 단절	주변 사람들과 의사소통을 거의 하지 않음. 가족과 친구를 피함.
절망감	곧 있을 사태들이 흥미가 없음. 현재의 상황이나 미래에 관해 희망이 없음
약물 증가	약이나 알코올을 지나치게 복용함
화, 공격적 행동	성격이 급해지거나 쉽게 화를 냄
불안	안절부절못함. 안달함. 전전긍긍함
소유물 정리	특별히 좋아하거나 귀하게 여기던 것들을 남에게 주어 버림

출처: 이윤주(2008).

청소년 자녀가 스스로 보고할 수 있는 '자살 생각 척도 검사'Beck. 1979를 활용할 수도 있다. 이 척도만으로 의학적 진단을 내릴 수는 없기에 척도 결과를 통해 전문가의 도움을 받을 것인지에 대한 결정에 참고하면 된다.

자살 생각 척도 검사

당신의 삶에 대한 태도에 대한 질문입니다. 현재 혹은 지난 한 달 간의 기준에 의거하여 평가하여 주십시오. 다음 사항을 읽으신 후 현재 자신의 생각과 일치하는 곳에 'ˇ'표시 하세요.

번호	항목	전혀 그렇지 않다	별로 그렇지 않다	정말 그렇다/ 자주
1	나는 이 세상에서 사는 것이 즐겁고 보람되게 느껴진다.	③	②	①
2	나는 사는 것이 지겹고 정말 죽어 버리고 싶다.	①	②	③
3	당신은 실제로 자살을 기도하려는 욕구가 있습니까?	①	②	③
4	당신은 자살에 대한 생각을 얼마나 자주 합니까?	①	②	③
5	당신에게 일단 자살에 대한 생각이 떠오르면 그 생각이 얼마나 지속됩니까?	①	②	③
6	당신은 자살하고 싶은 충동을 스스로 억제하거나 통제할 수 있습니까?	③	②	①
7	당신이 실제 자살을 기도하려고 할 때 당신의 주변 환경이 얼마나 도움을 줄 것 같습니까?	①	②	③
8	자살 기도에 대해 구체적으로 계획해 보았습니까?	①	②	③
9	당신은 '정말로 내가 자살을 기도했으면' 하고 생각하십니까?	①	②	③
10	당신은 자살 기도에 대한 생각을 실행하기 위해 어떤 사전 준비 행동을 한 적이 있습니까?	①	②	③
11	당신은 단지 생각이 아니라 실제로 자살을 실행할 수 있다고 생각합니까?	①	②	③

번호	항목	전혀 그렇지 않다	별로 그렇지 않다	정말 그렇다/ 자주
12	자살 기도 방법을 생각해 보았다면 그 방법을 사용하는 것이 현실적으로 가능하며 또 사용할 기회가 있다고 생각합니까?	①	②	③
13	당신은 '왜 자살을 하려고 하는지 주변 사람들에게 알리는 글'이나 이와 비슷한 글을 써 본 적이 있습니까?	①	②	③
14	당신은 죽음에 대한 준비로 어떤 행동을 해 본 적이 있습니까?	①	②	③
15	당신은 "자살에 대해 생각해 보았다."고 다른 사람에게 이야기를 합니까?	①	②	③

출처: Beck, A., Kovacs, M., & Weissman, A. (1979); 신민섭(1991, 1993)이 SSI를 한국판으로 번안한 척도를 일부 변형하여 사용함.

※ 채점 방법: 각 문항에 표시한 점수를 합산한다.
※ 해석 방법:
  - 20점 이하: 정신적으로 정상이며 건강함
  - 21~30점: 자살 생각이 있는 편임. 주의하여 살펴볼 필요가 있음
  - 30점 이상: 자살 생각이 위험한 정도이고 실제 자살행동에 대한 계획이 있을 수 있음. 전문적인 도움이 필요함

아동·청소년 자녀에게 자살의 징후가 보인다면 자녀가 자살 충동에 압도되지 않도록 자살 예방을 계획해야 한다. 이때 자녀와의 대화를 통해 계획에 대해 함께 공유하는 것이 좋다. 이러한 과정을 통해 자녀는 '자신이 보호받고 있다.'는 느낌을 받을 것이다. 예방 계획을 세울 때 다음과 같은 내용을 고려하면 좋다.

자살이나 자해에 대한 질문을 직접적이고 솔직하게 한다.

자녀가 자살로 죽고 싶다는 생각을 하는지, 혹은 자해를 하고 싶은지에 대해 질문하는 것을 주저하지 않는 것이 좋다. 부모들은 이런 주제를 꺼내면 자녀를 자극할 것이라고 두려워하는 경향이 있다. 그러나 솔직한 대화가 오히려 자녀의 자살이나 자해 위

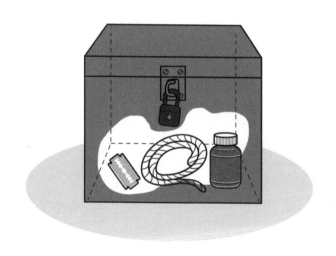

험을 증가시키지 않는다. 이러한 주제들을 이야기하면서 불안감
과 긴장감이 줄어들고 자신을 보호해 줄 경계가 있다는 생각을
할 수 있게 된다.

위험이 될 수 있는 것들을 관리한다.

면도칼, 밧줄과 같이 치명적인 물건들을 치우는 것이 좋고, 약
물 처방전이나 처방전 없는 약물들을 쉽게 손이 닿지 않는 곳에
보관해 둔다.

자살 충동이 들 때 활용할 수 있는 핫라인을 공유한다.

자녀가 자살 충동에 대한 불안과 두려움을 부모나 가족에게 알
릴 수 없을 때, 바로 도움을 청할 수 있는 다양한 핫라인을 알아
두고 자녀에게도 공유한다.

[자살 예방을 돕는 핫라인]
- 생명의 전화 1588-9191
- 희망의 전화 129
- 자살 예방 핫라인 1577-0199
- 청소년 SNS 상담 시스템 '다 들어 줄 개' (24시간 SNS 상담)
- 청소년 전화 1388
- 위(Wee) 센터 (www.wee.go.kr)

행동 지침을 만들어라.

자녀의 자살 사고가 위험 수준에 있다고 판단되면 즉시 행동으로 옮길 다음과 같은 지침들을 미리 적어 둔다.

- 가까운 정신의학 전문가에게 알리고 도움을 받는다.
- 기다릴 수 없는 위기 상황이면 가까운 병원의 응급실로 데려간다. 이때 필요하다면 가족이나 친구에게 도움을 요청한다.
- 매우 위험한 상태임에도 자녀의 저항이 심하다면 경찰에 전화하여 도움을 요청한다.

{ 아동 · 청소년 자살에 대한 전문가 개입 지침 }

아동 · 청소년에게 자살 위험성이 있다고 판단되면 시간을 두고 자살에 관련한 여러 가지 상황을 면밀히 파악해야 한다. 자살을 생각한 정도와 기간, 자살을 준비한 정도, 자살 시도에 대한 태도, 자살 이후에 대한 예상과 기대 등에 대해 매우 구체적으로 다루어야 한다. 상담자 자신이 자살에 대한 것들을 직접적으로 다루는 데 있어서 불안이 없어야 이러한 정보들을 충분히 얻을 수 있다. 또한 가족력과 개인의 발달과정에 대한 평가도 이루어져야 한다. 이것은 자살을 시도하려는 청소년들 중에 자신의 가족력 안에 정신질환을 앓거나 자살을 시도한 친척이나 가족이 있어서 자신의 정체감에 대한 혼란으로 인해 자살 충동이 더 강화될 가능성이 있기 때문이다. 이러한 아동·청소년 자살에 대한 탐색 과정은 자살에 대한 이해와 예방에 도움이 되는 정보를 얻을 수 있다. 또한 이 탐색 과정 자체가 아동·청소년으로 하여금 자신의 자살 문제를 누군가와 공유했다는 사실로 인해 자살 충동이 감소될 수 있는 효과가 있을 수 있다.

아동·청소년 자살 탐색이 충분히 이루어졌다면 자살이 이루어지지 않도록 돕는 예방 상담이 충분하게 이루어져야 한다. 예방 상담 과정 안에는 아동과 청소년의 자살 요인이 될 수 있는 환경의 문제를 개선함과 동시에 아동·청소년 자신의 문제해결 능력을 키워 주는 것이 포함되어야 한다. 특히 환경 개선의 경우, 단순하게 자살 충동을 촉발할 수 있는 부정적인 환경을 점검하고 조절하는 것이 아닌, 자살을 억제할 수 있는 긍정적 요인을 파악하여 이것을 적극적으로 강화시켜 주는 방향성이 더 효과적일 수 있다. 문제해결 능력을 다루어 줄 때는 문제해결 수단으로서 '자살'을 선택하려고 하는 측면을 인식하도록 하고 자살과 관련한 인지적 오류를 확인하도록 하는 것이 중요하다. 따라서 상담을 통해 자살의 장단점을 확인하게 하고, 자살의 비논리적인 면을 파악하여 이를 대안적인 행동으로 바꾸어 볼 수 있도록 촉진

한다.

한편, 아동과 청소년의 자살 시도가 이미 이루어졌다면 자살 재시도 가능성에 대한 사정이 이루어지는 것이 중요하다. 사정안에는 내담자의 현재 자살 의도 정도, 자살 또는 상해의 위험 정도, 정신질환의 가능성, 심각하고 만성적인 환경 문제 등이 포함되어야 한다. 특히 '자살 촉진 요인'과 '만성적 문제'를 파악하는 것이 중요하다. 자살 촉진 요인과 만성적 문제를 파악하면 앞으로 자살 재시도를 예방하기 위해 어떤 치료적 접근을 활용하는 것이 효과적인지에 대한 판단을 내리는 데 도움이 될 수 있다. 주된 촉발요인이 가족 내의 관계 문제로 인한 스트레스인 경우 개인적인 상담 작업이 아닌 가족상담 작업이 필요할 수도 있다. 그러나 가족의 역기능 문제가 만성적이라면 변화 가능성이 적기 때문에 아동·청소년에 대한 개인 작업이 최선일 수 있다.

아동·청소년 우울증 치료

아동 혹은 청소년의 우울증이 아주 심각한 수준이라고 판단될 때 약물치료를 권고하는 경우도 있으나, 많은 경우에는 심리치료를 우선적으로 제안한다. 약물치료는 때때로 매우 효과적일 수 있지만 신중하게 이루어지고 잘 관리되어야 하기에 아동 및 청소년이 보이는 우울의 수준이 정말로 약물치료를 해야 할 정도로 심각한 수준인지에 대한 감별이 무엇보다 중요하다. 이에 자녀의 우울증이 의심된다면 보다 공신력 있는 심리평가를 통해 이를 확인해 보고 그 증상의 정도를 감별하여 적절한 개입이 이루어지도록 해야 한다. 심리치료의 경우에는 어떤 특정한 치료 방식이 고정되어 있다기보다 근거한 이론에 따라 다양한 접근 방식이 이루어질 수 있다. 오랜 기간을 통해 아동·청소년 우울 치료에 효과가 있었다고 보이는 몇 가지의 심리치료법을 살펴보고자 한다. 다음에 소개된 치료만이 효과가 있다고 할 수 없으나 상담 현장에서 많이 활용되는 기법들이다.

인지행동치료(Cognitive-Behavioral Therapy: CBT)

인지행동치료에서는 앞서 우울증의 원인에서 언급된, 부정적인 생각의 틀과 방식이 우울증을 발생시키고 악화시킨다는 개념에서 출발한다. 이는 우울한 감성을 통해 어떤 생각과 행동이 나오기보다 자녀가 가지고 있는 어떤 '강한 신념'의 내용이 행동과 감정을 불러일으키게 된다는 것이다. 예를 들어, 아동이 자신에 대해 '모든 사람들은 나를 싫어해.' 혹은 '나는 어떤 일도 잘하지 못해.' 등의 생각을 강하게 가지고 있으면 이 생각을 통해 행동 및 감정을 느끼는 방식 또한 결정된다는 것이다. 따라서 인지행동치료에서는 아동과 청소년이 가지고 있는 비현실적이고 왜곡된 사고의 내용과 틀을 확인하여 더 현실적이고 균형 있는 태도로 대체할 수 있도록 돕는다.

놀이치료(Play Therapy)

자신의 생각과 감정을 말로서 표현하기 어려워하는 어린 아동의 우울 증상을 도와야 할 때 효과적인 치료법이다. 놀이치료는 아동의 주체적이고 자율적인 선택과 표현을 지지하고 공감하는데, 아동은 장난감뿐만 아니라 미술 활동이나 모래놀이 등의 다양한 활동을 통해 자신의 감정을 안전하게 표현하고 기분을 조절하는 경험을 할 수 있다. 또한 치료자와의 상호작용을 통해 관계를 맺고 문제를 해결하는 방식을 배우면서 더 안정적인 자존감을 형성해 나가는 데 도움을 받을 수 있다.

가족치료(Family Therapy)

아동과 청소년의 우울증이 가족관계 및 가족 구성원 문제와 강한 연관성이 있다는 관점을 가지고 접근한다. 부모의 부적절한 양육 태도 및 부모-자녀의 잘못된 의사소통, 가족 안의 불화가 우울장애 발병에 많은 영향을 끼친다는 연구결과들이 있다. 이에 가족치료에서는 아동과 청소년의 치료 과정에 부모를 참여시켜서 부모 또한 문제해결과 의사소통 기술을 배우고 연습하도록 돕는다. 또한 아동과 청소년의 변화를 유지하고 강화하는 긍정적인 촉진자의 역할을 할 수 있도록 개입한다. 치료자의 진행 방식에 따라 자녀 상담과 부모 상담을 병행할 수도 있고, 자녀와 부모를 같은 시간에 함께 참여시킬 수도 있다.

단기정신역동치료(Psychodynamic Short-Term Psychotherapy: PSTP)

단기정신역동치료는 아동과 청소년을 위한 통찰 지향 상담으로, 자기 인식, 동기 부여 및 삶의 의미를 다룰 수 있도록 한다. 대화를 중심으로 하기 때문에 아주 어린 아동보다는 후기 아동에서 청소년에게 적합하고, 인지적 능력과 이해력의 기능에 큰 제한점이 없을 때 가능하다. 단기역동치료에서는 올바른 정서적 경험을 만들어 내면서 감정을 분별하고 새로운 행동을 배울 수 있도록 한다. 아동과 청소년은 상담사와의 만남을 통해 우울 증상

의 원인이 되는 근본 문제를 이해함으로써 우울 증상을 줄여 나
갈 수 있다.

{ 그 외 다양한 치료 }

앞에서 언급한 치료들 외에도 아동 · 청소년 우울장애를 위한
다양한 치료 방법들이 개발 · 활용되고 있다. 음악치료, 미술치
료, 독서치료 등 다양한 매체 활동을 통한 방법들이 활용되기도
한다. 또한 마음챙김, 마음수련 등의 명상과 관련한 요법들이 활
용되기도 한다. 이는 우울증의 원인이 되는 것들을 인식시키고
표현시키는 데 중점을 두느냐, 아니면 우울로 인해 증폭되는 여
러 가지 부정적 감각이나 감정들을 다루고 조절하는 전략을 습득
시키는 데 중점을 두느냐에 따라 그 접근방식과 기법이 달라진
다. 그러나 모두 아동과 청소년의 우울 증상을 줄여 나가는 데 목
적을 둔다.

* * *

연구를 통해서 보면 인지행동치료적 접근이 우울증 개선에 비
교적 효과가 있다는 결과도 있으나, 치료 방식에 있어서 정답은

없다. 아동·청소년 개개인이 가진 성격 특성에 따라 더 편안하거나 효과적이라고 느끼는 치료 방법이 다를 수 있다. 때로는 치료 방법보다 아동·청소년이 개인적으로 선호하는 성품을 가진 치료자를 만났느냐가 치료 관계 형성이나 치료 효과에 영향을 끼칠 수도 있다. 따라서 단번에 치료적 성과가 기대한 만큼 나오지 않았다고 실망할 필요가 없다. 조급함을 내려놓고 아동·청소년에게 맞는 치료적 방법이 무엇인지 충분히 탐색하면서 찾아갈 필요가 있다.

한편, 아동·청소년의 우울은 부모의 우울과 관련이 있는 경우가 많기 때문에 이 경우에는 부모의 우울도 다루어져야 한다. 부모에 대한 상담이나 교육을 통해서 부모 자체가 자신감을 갖고 자녀를 도울 수 있도록 해야 한다. 부모가 자녀를 위해서 할 수 있는 일들을 단계적으로 실시할 수 있도록 안내하고, 실천에 대한 격려와 지지를 아끼지 않는다. 아동과 청소년의 우울증이 치료되는 과도기적 시점에서 나타날 수 있는 퇴행이나 분노 폭발에 대해서도 미리 이해하여 잘 견딜 수 있도록 도와야 한다. 또한 자녀 우울의 원인이 되는 부모의 양육 태도를 인식하고 개선하게 하는 것도 중요하지만, 아동과 청소년에게 긍정적 변화가 일어날 때 이것이 작은 변화일지라도 부모의 노력으로 수고를 연결하여 인성받고 강화할 수 있도록 개입해야 한다.

아동·청소년 우울증 치료에 대한 부모의 역할

아동·청소년 자녀의 우울증에 대한 치료의 시작과 그 과정에서 부모의 태도는 매우 중요하다. 이는 아동·청소년 자녀가 아직 미성년자로서 부모에게 의존되어 있기 때문이다. 청소년의 경우 어느 정도 자의식이 발달하여 자신의 필요와 욕구를 인식하고 표현할 능력이 있다고 하지만, 그런 능력이 충분하게 발달되어 있지 않은 아동의 경우에는 우울증으로 인한 자신의 고통을 이해하기도 힘들고 이에 대한 도움을 청하기도 힘들다. 때문에 부모가 아동의 우울증을 인식하고 필요한 도움을 받을 수 있도록 돕는 역할을 적극적으로 해 주어야 한다. 한편, 청소년으로서 스스로 우울증에 대해 인식하고 도움을 받고 싶어 할지라도 부모의 공감대가 없으면 치료의 시작과 유지가 어려울 수 있으므로 부모의 역할 또한 중요하다. 부모가 자녀의 치료 과정에서 어떤 지지와 지원을 해 주느냐에 따라 심리치료를 대하는 아동·청소년의 마음도 달라질 수 있으며 치료 효과로 이어진다. 부모가 자녀의 치료 과정에 있어서 좋은 지지자 및 보조자로서 어떤 역할을 할 수 있는지 생각해 보아야 한다.

자녀에게 심리치료를 강요하지 않는다

심리치료가 아동 · 청소년 우울증을 돕는 데 효과가 있다. 그렇다고 해서 심리치료에 대한 동기가 없는 아동 · 청소년에게 치료를 강요하는 것은 도움이 되지 않는다. 물론 치료자가 아동 · 청소년과 적절한 치료적 관계를 만들어서 심리치료에 대한 이들의 심리적 불편함을 해결할 수 있다. 그렇지만 때로는 기대와 달리 해결하지 못하는 경우도 있다. 치료에 대한 강압적 접근이 우울로 인한 아동 · 청소년의 무력감을 오히려 악화시킬 수도 있기에 치료에 준비되지 못한 마음을 공감하고 수용해 주어야 한다. 우울증을 가진 아동 · 청소년이 치료적 도움을 거부하는 경우에는 부모만이라도 치료자를 만나서 양육 환경 속에서 자녀를 도울 수 있는 방법들에 대해 의논하고 훈련받을 수 있다.

심리치료에 대한 현실적인 기대 수준을 갖고 협력한다

심리치료는 '극적이거나' '마술적인' 것이 아니다. 또한 치료자가 자녀의 우울증을 고치는 것이 아니라 자녀 스스로 자신의 문제를 다스릴 수 있도록 하는 것이다. 이 때문에 부모는 치료자와 함께 치료목표에 대한 구체적인 이야기를 나눌 필요가 있다. 너무 이상적이고 비현실적인 기대치를 갖지 않도록 해야 한다. 그러나 긍정적인 희망을 가질 수 있는 적절한 기대치는 필요하다. 또한 치료를 받아야 할 아동·청소년이 치료자와 편안한 치료적 관계를 맺는 것이 매우 중요하다. 부모가 치료자에 대해 갖는 느낌과 태도가 자녀에게 영향을 많이 끼치는 만큼 부모 자신이 먼저 치료사와 신뢰관계를 형성해야 한다.

자녀가 약물치료를 받아야 할 경우 이에 대해 바르게 이해하고 지지한다

부모는 자녀의 약물치료에 대해 불안해하거나 거부적일 수 있다. 이는 치료 약물에 대한 중독성을 걱정하거나, 약물치료는 일시적인 처치일 뿐이라고 생각하기 때문이다. 물론 약물의 남용과 오용 가능성에 대해 경각심을 갖는 태도는 바람직하지만, 약물치료가 필요한 때 적절한 약을 사용할 수 있는 것도 효과적인 치료방법이 될 수 있다. 일단 항우울제는 중독성이 없고, 기분을 정상화시키는 데 도움을 주는 것이지 아동·청소년의 성격을 변화시키는 것은 아니다. 항우울제만으로도 우울증 경감과 회복에 도움이 되는 경우도 있지만, 항우울제 복용과 심리치료를 함께 병행할 때 치료적 효과가 증대된다고 보고되고 있다. 항우울제는 극심한 우울 상태로 인해 무기력해서 심리치료조차 할 수 없을 때 기분과 인지능력을 빠르게 향상시킴으로써 필요한 심리치료가 원활하게 이루질 수 있도록 돕는다. 따라서 자녀의 우울증 치료를 위해 약물치료가 제안되는 경우에는 부모 자신이 먼저 약물치료에 대한 불안과 거부감을 해결하고 지지적인 태도를 가질 수 있어야 자녀도 약물치료를 편안하게 받을 수 있다. 그러나 모든 약물치료가 그러하듯 부작용은 있을 수 있으므로 전문의의 진단과 진료를 통해서 '처방'대로 복용해야 한다. 성급한 약물 중단은 일시적 금단 현상이나 증상 재발로 이어질 수 있는 만큼 의사와 협의 없이 약물치료를 임의로 중단해서도 안 된다.

Part 3

우울증이 있는
아동 · 청소년을 위한 활동들

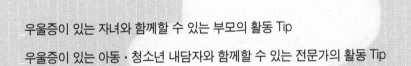

우울증이 있는 자녀와 함께할 수 있는 부모의 활동 Tip

우울증이 있는 아동·청소년 내담자와 함께할 수 있는 전문가의 활동 Tip

우울증이 있는 아동과 청소년을 위한 활동은 무엇보다 이들의 기분 및 일상적 에너지를 회복시키게 하는 것이 시작이다. 이를 위해 아동의 활동성을 증진시키고 다양한 감각적 자극을 경험하게 하는 활동들을 제공하는 것이 좋다. 이후에는 자신의 우울감을 인식하게 하되 이를 언어로 인식하고 표현하게 하는 것이 중요한데, 이 또한 표현적 방식과 경험적 방식을 활용하여 촉진하는 것이 효과적이다. 또한 우울증이 있는 아동·청소년의 경우 부정적인 자기 지각과 함께 열등감이 심할 수 있으므로 보다 더 긍정적인 자기 정체감을 다시 구축할 수 있도록 돕는 활동들이 필요하다.

우울증이 있는 자녀와 함께할 수 있는 부모의 활동 Tip

우울증이 있는 자녀와 함께해요

산책

적당한 운동이 우울증에 도움이 된다는 연구결과들이 있다. '산책'은 부담이 적은 운동 중 하나가 될 수 있고, 부모가 함께할 수 있기에 자발적인 운동을 힘들어하는 우울한 자녀를 도울 수 있다. 그러나 자녀의 우울증이 심할 때는 가벼운 산책도 힘들어 할수 있다. 만약 자녀가 자신의 방에서 나오지 않으려고 하면 거실로 나올 수 있는 것부터 시작하여 그 거리를 조금씩 늘려 가도록 격려하고 지지하는 것이 좋다. 산책을 할 때는 진지한 대화보다는 자녀가 하고 싶은 이야기를 할 수 있기를 기다리고 자녀의 이야기를 경청해 주는 것이 좋다. 자녀가 특별히 대화를 원하지 않을 때는 걷는 것 자체에 집중하는 것이 바람직하다. 산책을 하면서 느끼는 온도, 바람, 풍경 등이 우울증으로 움츠러든 자녀의 오감을 깨우는 자극제가 되어 줄 것이다. 그리고 거기에서 함께 있는 부모의 존재로서 지지적인 관계를 경험할 것이다.

　정서적이고 안정적인 대인관계 경험은 아동·청소년의 우울증이 심해지는 것을 완화시킬 수 있다. 특히 부모가 아동 자녀와 함께하는 놀이 상호작용은 아동이 정서적인 지지와 교감을 느낄 수 있는 효과적인 통로가 된다. 그럼에도 불구하고 부모는 놀이에 대해 '시간적 여유 부족해서' 혹은 '어떻게 놀아 줄지를 몰라서' 등의 이유로 부담을 느끼는 경우가 많다. 그러나 놀이에 대한 몇 가지 원칙만 안다면 아동과의 놀이를 좀 더 쉽게 할 수 있다.

- 매일 20~30분씩 놀이를 해 주는 것이 가장 이상적이다. 이것이 불가능하다면 최소한 일주일에 한 번 30분 정도 아동과의 특별한 놀이 시간을 갖는 것도 효과적이다.
- 자녀와의 놀이를 마음 먹었다면 자녀에게 이제부터 '특별한 놀이 시간'을 가질 것임을 이야기해 주고 요일과 시간을 정한다. 정해진 시간은 가능하면 지키는 것이 좋다.
- 놀이 시간을 30분으로 정하고 그 시간에는 부모의 핸드폰도 꺼 놓고 자녀와의 놀이에 온전히 집중하도록 한다.
- 놀이 선택과 진행은 자녀가 하도록 기다려 준다. 자녀가 부모가 대신 해 주기 원할 경우에는 몇 가지의 놀이를 제시해서 자녀가 선택할 수 있도록 한다.

- 놀이가 시작되면 자녀가 하고 있는 것들을 말로써 거울처럼 반영하면서 읽어 준다. 예를 들어, "우리 예진이가 곰인형을 꺼내는구나." "동진이가 건물을 만들기 시작했구나." 등이다. 만약 자녀가 분명한 감정이나 의도를 나타낸다면 그 감정과 의도를 말로써 반영하면 더 좋다. "예진이는 그 곰인형이 좋은가 보네?" "동진이가 건물이 뜻대로 만들어지지 않아서 속상한가 보네." "미나는 뭔가 새로운 인형을 찾고 싶구나."와 같이 말해 준다.
- 놀이 안에서 자녀를 이해해 보고 싶다는 목적으로 대화를 유도하거나 질문하는 것은 삼간다.
- 자녀의 무기력감이 심해서 놀이를 원하지 않더라도 자녀와 온전하게 함께하는 것으로 30분을 보낸다. 이때 자녀를 편안하게 눕히고 손과 발, 다리를 주물러 주고 마사지를 해서 감각적 자극을 편안하게 해 주는 시간으로 활용해도 좋다.

'마음 행복 노트' 쓰기

우울증은 뇌신경학적으로 부정적인 신경회로가 만들어진 결과로도 설명될 수 있다. 신경회로는 고정불변의 것이 아니라 아주 작은 자극에도 변화를 가져올 수 있다. 의식적으로라도 긍정적인 사고를 해 보는 기회를 갖는 것도 그런 자극이 될 수 있다. '마음

행복 노트'는 아주 단순하지만 부모와 자녀가 함께해 볼 수 있는 변화의 시도 중 하나이다.

- 자녀와 함께 사용할 노트를 준비한다.
- 노트에 자녀가 하루 중 즐거웠던 일이나 감사한 일을 섞어서 세 가지를 쓴다.
- 매일 같은 시간에 쓰도록 하고, 부모는 그 노트를 받아서 아동이 쓴 내용에 간단하게 코멘트를 달아 준다. "혜정이가 맑은 날씨 때문에 기분이 좋았다니 엄마와 마음이 통했구나." "동철이가 오늘 숙제를 무사히 끝내게 된 것에 감사하다니 아빠가 보기에는 대견하네." 등으로 써 볼 수 있다. 혹은 부모 입장에서 감사했던 내용을 써 줘도 좋은데, 자녀를 보면서 느낀 것을 돌려주면 좋다. 예를 들어, "아빠는 수진이가 어제 보다 저녁밥을 더 맛있게 먹어서 너무 감사했어." "엄마는 재중이가 귀찮은데도 엄마와 산책을 함께 나가기로 결정한 것이 너무 대견했어." 등이다.
- 자녀가 쓸 것이 생각나지 않는다고 한다면, "오늘 먹은 간식에 감사한다." 또는 "오늘 살고 있는 집에 감사한다."라는 한 줄을 써도 좋다고 격려한다.

도전! 요리왕

손을 움직여서 복잡한 생각을 줄일 수 있는 활동은 우울증에 도움이 될 수 있다. 요리하기는 손을 움직여서 무언가를 만들어 내는 재미와 함께 미각을 만족시킬 수 있는 음식을 나눠 먹는 성취감도 느낄 수 있는 활동이다. 아동과 함께 의논하여 도전할 요리목록을 정하고 이를 완료했을 때 사인이나 도장을 찍을 작은 요리 목록 수첩을 만들어도 좋다. 10페이지 정도의 작은 수첩을 만들어 앞으로 도전할 음식의 이름을 쓰고 요리한 음식 사진을 붙일 자리와 도장을 찍거나 사인을 할 칸을 만들어 놓는다. 요리는 도전할 동기와 성취감을 가질 수 있는 쉽고 간편한 것부터 시작하는 것이 좋다. 처음에 간편하고 간단한 10가지의 요리를 선정

하여 하나씩 도전해 갈 수 있도록 한다. 그것이 끝나면 또 다음의
요리 도전을 함께 계획한다.

손으로 물건 맞추기

이 활동을 통해 촉각적인 자극을 함으로써 불필요한 생각들을
줄이고 우울증으로 둔마된 감각을 깨울 수 있다. 사방이 막힌 상
자를 준비하여 손을 넣을 수 있는 구멍을 위로 뚫어 놓는다. 이
상자 안에 매번 다양한 물건을 넣는다. 자녀가 손의 감각만으로
이 물건이 무엇인지 맞추어 볼 수 있게 한다. 모양, 감촉을 다양
하게 느낄 수 있도록 물건들을 선정하는 것이 좋다.

우울증이 있는 아동 · 청소년 내담자와 함께할 수 있는 전문가의 활동 Tip

{ 우울증이 있는 아동 · 청소년 내담자와 함께해요 }

마음 병원놀이

이 활동은 우울한 아동 · 청소년에게 시각적 · 촉각적 감각 자극을 하면서 우울한 감정을 해소할 수 있는 대안적 자원을 확인하고 활성화할 수 있도록 돕는다. 먼저, '마음진단 차트'에 자신을 힘들게 하는 생각이나 감정들을 생각나는 대로 써 보게 하고, 이런 내용들을 종합하는 나만의 마음의 병 이름예: '눈물병' '마음 축축병' '물에 젖은 솜뭉치병' 등을 붙이도록 한다. 그리고 이 병을 나을 수 있게 하는 약을 함께 만들어 본다. 약을 만드는 재료로는 밀가루 반죽, 클레이, 슬라임 등 촉각적 자극을 줄 수 있는 재료를 기본으로 하여 그 안에 섞어서 뭉칠 수 있는 여러 가지 작은 재료들예: 반짝이 가루, 다양한 색이나 모양의 비즈 등을 각각 병에 넣어서 준비한다. 작은 재료들이 들어 있는 병에 아동이 이름을 붙이게 한다. 이 재료의 이름은 자신의 부정적인 생각이나 감정에서 벗어나게 하는 추억이나 소중한 사람, 자신의 강점들이 될 수 있다. 상담자가 이 재료들에 대해 자세히 탐색하는 질문을 함으로써 아동이 이런 사실에 내게 보다 더 집중하고 강화할 수 있게 한다. 재료마다 이름을 붙인 뒤 이 재료들을 주 재료에 조금씩 넣어 모두 뭉친 뒤 새로운 병에 넣는다. 앞서 마음의 병에 이름을 만들었던 것처럼, 약의 이름을 짓게 한 다음에 약 사용 설명서를 함께 만든다. 예를 들어, 'A라는 마음의 병이 들었을 때, B약을 다음과 같이 활용한다. 이 약을 손에 들고 주물럭거리면서 지난 여름 방학 때의 가족 여행 사진을 볼 것, 그리고 자신의 장점을 세 번씩 말한다.' 등으로 만들어 본다.

감정 물병 활동

아동이나 청소년이 느끼는 우울한 감정을 시각적으로 표현하고 인식하게 하는 활동이다. 이를 변화에 따라 색을 바꾸거나 양을 덜어냄으로써 자신의 우울증이 어떻게 변해 가고 있는지에 대해 좀 더 구체적으로 탐색할 수 있으며, 시각적 효과를 통한 강화 효과도 얻을 수 있다. 먼저, 투명한 빈 물병과 물을 준비한다. 준비된 물에 아동이나 청소년 자신의 우울을 잘 표현할 수 있는 색을 물감으로 표현하여 섞어 보게 한다. 빈 물병에 현재 자신이 느끼고 있는 우울의 정도만큼 물감 섞은 물을 붓고, 상담자는 그 수위를 표시해 둔다. 먼저 아동과 청소년에게 물병 또는 자신의 우울에 대해 설명을 하도록 요청한다. 그리고 나서 이러한 우울을 어느 정도 덜어내고 싶은지 물은 후 그만큼 덜어 보게 한다. 덜어진 수위도 표시해 둔다. 덜어진 물병을 보면서 그 느낌을 나누고, 우울을 그 정도 덜어내었을 때 어떤 일들이 일어날 것 같은지, 어떤 일이 일어나기를 기대하는지 등에 대해 대화를 나눈다. 이후 상담이 어느 정도 진행되어 가면서 중간에 다시 이 물병 활동을 하여 물의 색과 수위의 정도에 변화가 있는지 확인하면서 이런 변화가 가능했던 이유들을 탐색할 수 있다.

'나를 위한 응원 상자' 만들기

아동·청소년 내담자가 우울한 감정으로 힘들어질 때 꺼내서 보기만 해도 작은 위로와 격려를 받을 수 있는 상자를 만들어 보도록 한다.

- 쉽게 구할 수 있는 작은 플라스틱 박스나 신발 상자 등을 준비한다.
- 상자 안에 아동·청소년이 스스로 위로와 격려를 느낄 수 있는 여러 가지 물건들을 준비하여 넣도록 한다.
- 준비한 물건들을 상자 안에 한꺼번에 넣을 수도 있지만, 충분한 기간 동안 물건을 하나씩 구하여 상자를 완성해 갈 수도 있다.

- 상담자가 마음을 담아 아동·청소년을 응원하고 싶은 물건이나 메시지를 적은 카드 등을 넣어 줄 수도 있다.
- 넣을 수 있는 물건들의 예는 다음과 같다.
  - 힘이 되는 가족이나 친구 사진
  - 좋아하는 연예인이나 유명인 사진
  - 위로가 되었던 책이나 그런 글귀를 적은 메모
  - 기분을 좋게 하는 피규어나 인형, 문구용품
  - 좋아하는 향의 작은 향초
  - 받은 선물 중 개인적으로 의미 있는 것들

슬픔을 먹는 항아리

아동은 자신의 마음속 걱정과 근심을 말로 표현하는 것에 대한 어려움을 느낀다. 이 활동은 우울의 원인이 되는 문제들을 인식하든 못하든 자신이 느끼는 감정을 억눌러야 한다고 느끼는 아동을 위한 것이다. 항아리를 하나 준비하고 그 안에 모래를 채운다. 항아리 표면에 눈, 코, 입을 붙여서 얼굴처럼 보이게 꾸민다. 아동에게 이 항아리는 사람들의 슬픔을 먹고 사는 특별한 항아리이고, 사람들의 슬픈 마음의 무게를 덜어 준다고 설명해 준다. 아동에게 자신을 슬프게 하는 기억이나 경험, 생각들을 적을 종이를 나누어 주고 쓰게 하는데, 이때 아동의 활동을 촉진하기 위해 치료자도 슬픔에 대한 내용을 적어서 아동에게 보여 주면 좋다. 아동이 적은 내용에 대해 대화를 나누고 공감해 준 뒤, 종이를 항아리 모래 안에 함께 묻는다.

나만의 토크쇼

아동과 청소년과 함께 자신을 힘들게 하는 우울의 문제에 대한 토크쇼를 진행해 본다. 이는 아동과 청소년이 자기 자신에 대해 우울이라는 문제에 대항하여 살아남으려고 하는 용기 있는 존재로서의 정체감을 새롭게 갖게 함으로써 손상된 자아상을 회복하는 데 도움을 주기 위함이다. 토크쇼를 라디오처럼 녹음을 할지,

혹은 TV처럼 녹화를 할지는 아동·청소년과 함께 논의하여 결정한다. 길어도 10분이 넘어가지 않는 정도 분량의 토크쇼를 만들되 이를 위한 대본을 함께 준비한다. 상담자가 토크쇼의 진행자를 맡고 아동이나 청소년은 특별 초대 손님을 맡는데, '문제의 섬'에서 탈출하여 살아남은 생존자 역할을 맡는다. 치료자가 먼저 대략의 스토리의 흐름스토리보드을 준비하여 아동과 청소년이 대본을 만드는 데 부담을 느끼지 않도록 해 준다. 스토리보드의 예를 들면 다음과 같다.

상담자: 오늘은 '문제의 섬'에서 탈출하신 ○○님을 모시고 이야기를 나누어 보겠습니다.

○○ 씨, 갇혀 있었던 문제의 섬은 어떤 곳인가요?

○○: _____

상담자: 그 섬에 있을 때 가장 힘들었던 순간은 어느 때인가요?

○○: _____

상담자: 문제의 섬에서 그 많은 어려움을 겪으면서도 희망을 잃지 않게 했던 것은 무엇이었나요?

○○: _____

상담자: 문제의 섬에서 탈출할 때 무엇이 가장 도움이 되었나요?

○○: _____

아동·청소년과 대본을 완성하면 녹음을 하거나 녹화를 하여 그 완성본을 다시 한번 함께 듣거나 시청한다. 완성본을 보면서 새롭게 느낀 것들에 대해 대화를 나눈다.

우울증이 있는 아동이나 청소년은 자기 자신과 외부 환경, 혹은 자신이 경험한 사건에 대해 더 부정적인 방식으로 지각하는 경향이 있다. '역전의 기술'은 이런 지각 방식을 좀 더 긍정적인 방식으로 바꾸어서 진술해 보게 하는 집단 활동이다. 집단원들이 함께 모여 자신들이 쉽게 느끼는 부정적 감정이나 생각의 내용들을 30개 적어 보게 한다. 30개의 내용이 모이면 집단원들을 두 팀으로 나누고, 함께 적은 내용도 15개씩 묶어서 두 개로 나눈다. 양면에 대비되는 다른 색을 가진 카드들도 30개를 준비하여 한 팀당 15개씩 나누어 주고 바닥에 일렬로 둔다. 이때 어두운 색의 면이 위로 오게 둔다. 이 윗면에 앞에 이야기한 30개의 부정적 감정과 생각들을 각각 적어 둔다. 두 팀이 한 번씩 돌아가면서 진술된 부정적 감정이나 생각의 내용들에 대해 긍정적인 내용으로 바꾸어서 말한다. 이때 이 내용은 설득력이 있어야 한다. 30초의 시간 내에 말해야 하고, 말하는 데 성공하면 카드를 뒤집어서 밝은 면으로 바꾼다. 30초 내에 말하지 못하면 차례는 다시 상대 팀으로 넘어간다. 15개의 어두운 카드를 가장 많이 밝은 면으로 만든 팀이 승리한다. 부정적 진술을 긍정적 내용으로 바꾸는 내용의 예는 다음과 같다. 아동·청소년에게 활동에 대해 설명할 때도 이같은 예를 들어 이해를 돕는다.

- '나는 잘 하는 게 하나도 없어.'
  → '내가 잘하는 것이 무엇인지 찾아가는 과정에 있어.'
- '아무도 나를 사랑하지 않아.'
  → '사실 잘 생각해 보면 나를 사랑해 주는 몇 명의 사람은 있어.'
- 외로운 → 독립적인
- 쉽게 짜증이 나는 → 민감한

무언의 감정 전달 게임

즐거운 경험을 통해 위축된 감정을 촉진하고, 다양한 감정을 인식하고 표현해 봄으로써 경직된 정서 상태를 확장하게 하는 집단활동이다. 집단원들이 앞사람의 뒷모습을 보는 방향으로 일렬로 서게 한다. 가장 뒤에 있는 사람이 감정이 적힌 카드를 확인한 뒤 바로 앞 사람을 뒤돌게 하여 자신이 확인한 감정을 표정이나 행동으로 전달한다. 이를 전달받은 사람은 다시 자신의 앞사람에게 자신이 본 표정과 행동으로 전달한다. 가장 앞에 있는 사람이 카드에 적힌 감정이 무엇이었는지 맞춘다. 정해진 시간 내에 몇 가지의 감정을 맞출 수 있는지 기록하는 방식으로 게임을 진행한다.

무거운 주머니

부정적 사고방식으로 인해 우울해지는 아동·청소년이 경험적 방식으로 자신의 어려움을 이해해 보고 부정적 사고방식을 대안적인 사고방식으로 바꾸어 보는 활동이다. 아동에게 주머니를 하나 주고 아동을 우울하게 하는 생각들을 나열하면서 그만큼의 돌을 주머니에 넣어 보도록 한다. 아동의 우울한 감정을 증가시키는 특정 상황을 탐색하여 그런 상황 가운데 유발되는 부정적 생각들을 나누는 것도 좋다. 주머니에 돌이 채워지면 그 주머니를 들고 방을 다녀보게 하면서 그 무게감에 대해 느껴 보게 한다. 이 주머니를 가볍게 하기 위해 우울한 감정을 느꼈던 같은 상황에서 해 볼 수 있는 다른 긍정적 사고들에 대해 이야기하면서 그때마다 주머니 속의 돌을 하나씩 뺀다. 이런 과정을 통해 주머니가 가벼워진 상태를 경험할 수 있게 한다. 활동 뒤 아동이 느낀 것들을 나누게 한다.

캐릭터로 대화하기

아동·청소년이 '우울증'이라는 문제를 자신의 정체성과 동일시하지 않게 하여 자신의 우울증에 대해 보다 더 객관적으로 관찰하고 이해하여 조절할 수 있게 돕는 목적을 갖는다. 다시 말하면, 아동·청소년으로 하여금 '나는 우울증이 있어.' '나는 우울증 환자야.'라고 생각하기보다 '나는 현재 우울증이라는 문제 때문에 힘이 들어.'라고 생각하게 하는 것이다.

이처럼 아동·청소년이 우울증과 자신을 분리하게 되면 우울증에 대해 이야기하는 것이 보다 더 가벼워질 수 있고, 자신의 우울증에 대한 새로운 시각을 가질 수도 있다. 그리고 우울증에 대처하는 대안적 방식을 생각해 내는 데 있어서 더 효과적일 수 있다.

ⓐ 아동 · 청소년이 겪고 있는 우울 증상을 하나의 캐릭터로 만들어서 이름을 붙여 보게 한다. 가능하다면 클레이로 캐릭터를 만들어 보거나 간단하게 그림으로 그려 보게 할 수도 있다. 예를 들어, 마음을 어둡게 하니까 '검은 물감' 등으로 이름을 붙여 볼 수 있고, '검은 물감'이라는 캐릭터를 직접 그려 보게 할 수도 있다.

ⓑ 그 캐릭터가 아동 · 청소년에게 찾아와서 어떤 영향을 주는지 이야기해 보게 한다. 우울증이 주는 효과를 객관적으로 인식하게 하는 데 도움이 된다.

✿ 질문
• "'검은 물감'이 민영이에게 찾아오면 어떤 일이 생기니?"
• "'검은 물감'은 민영이에게 어떤 생각을 하게 하니?"
• "'검은 물감'이 오면 민영이의 관계들은 어떻게 되니?"
• "'검은 물감'이 민영이에게 왔다는 것을 주변 사람들도 알 수 있니?"

ⓒ 그 캐릭터의 힘이 조금이라도 약해지는 때는 언제인지 이야기해 보게 한다. 우울증의 어려움 속에서도 버티어 가고 있

는 자신의 긍정적 힘에 대해 인식하게 한다. 또한 자신의 우
울증을 다스리는 데 도움이 되는 대처 방식을 알아차리게
하는 데 도움이 될 수 있다.

✿ 질문

• "'검은 물감'의 힘이 항상 강하지는 않은 것 같은데, 언제 힘
  이 약해지니?"
• "민영이는 뭘 보고 '검은 물감'의 힘이 약해진 것을 알 수 있
  니?"
• "'검은 물감'은 뭘 싫어하니?"
• "'검은 물감'은 민영이가 어떻게 할 때 민영이를 무서워하는
  것 같니?"

우리들만의 음악 살롱

이 활동은 집단상담에서 활용하기에 좋은데, 청소년 내담자와
상담자가 개인상담에서 함께 진행해 볼 수도 있다. 음악은 우울
증과 깊은 관련이 있다고 보이는 뇌의 해마, 변연계, 전방대상피
질을 자극함으로 우울감에도 영향을 줄 수 있다. 음악을 공유하
는 활동을 통해 새로운 의미를 창출하는 경험을 제공한다.

✿ 집단상담 시

- 구성원들에게 자신을 위로했던 노래를 하나씩 선택하도록
한다.
- 그 노래가 위로가 되었던 이유를 소개할 수 있는 글을 간단
히 적는다.
- 노래 목록이 완성되면 구성원들과 '우리들만의 음악 살롱'을
개최한다.
- 노래에 대한 소개를 한 후에 노래를 들어 주지만, 누가 선정
한 노래인지는 알려 주지 않는다.
- 미리 준비해 둔 종이에 들었던 각각의 노래가 어떤 구성원이
선정한 노래인지를 예상해서 적는다. 또한 함께 들었던 노
래들 중 자신의 노래 이외에 자신을 위로하는 노래 목록으로
추가하고 싶은 곡을 선택한다.

✿ 개인상담 시

- 아동 · 청소년이 좋아하는 노래 목록 중 자신과 비슷한 우울
증을 가지고 있는 다른 사람들과 공유해 보고 싶은 3곡을 선
정한다.
- 한 곡씩 함께 들어 본 다음, 그 노래가 아동 · 청소년에게 위
로가 되었던 이유에 대해 말하게 한다.

- 상담자는 그 노래와 이유를 듣고 공감되는 부분을 피드백한다.
- '위로를 전하는 음악 선물'이라는 제목으로 이 3곡에 대해 소개하는 엽서를 함께 만든다.
- 나중에 실제로 다른 우울증 내담자와 함께 이 음악을 듣고 그 내담자가 했던 피드백을 전달해 줄 수 있다.

동화나 민담을 통해 자기 이야기 다시 만들기

우울증이 있는 아동이나 청소년 중에는 부모와의 관계 문제가 그 주요 원인이 되는 경우가 많다. 이때 양육 환경의 개선이 이루어지는 것이 바람직하다. 그러나 그에 대한 개입이 불가능하여 아동이나 청소년의 개인적인 회복과 성장에 초점을 맞추어야 하는 경우도 있다. 이때 이러한 과정을 지지해 줄 수 있는 동화나 민담을 활용한 활동이다. 아동이나 청소년에게 들려줄 동화나 민담을 선정한다. 이야기 선성 시 연약하고 소외되어 있는 어린 주인공이 자신을 억압하는 환경으로부터 빠져나와 여러 가지 모험을 통해 성장한다는 플롯을 기준으로 한다. 이야기를 들려 준 뒤에 아동이나 청소년이 자신의 상황과 동일시되는 부분에 대해 충분히 나누면서 공감 받게 하고, 인상 깊어 하는 부분을 통해서는 아동과 청소년의 긍정적 성제김괴 연결시켜 볼 수 있도록 한다.

읽었던 동화나 민담을 참고하여 아동·청소년이 새로운 이야기를 써 보도록 한다. 이때 자신의 경험을 녹인 작품으로 다시 만들어 볼 수 있게 한다. 자신이 다시 쓴 동화책을 누구에게 보게 하고 싶은지, 그 이유는 무엇인지 이야기 나누며, 새롭게 확인한 자신의 정체감을 확장시킬 수 있게 한다.

몸이 감정을 말해요

아동과 청소년은 보통 우울한 감정을 그대로 표현하기보다 변형된 방식으로 표현할 수 있다. 각 신체를 통한 감정 말하기를 통해 자신의 우울감이 어떤 방식으로 표현될 수 있는지를 이해할 수 있게 하는 활동이다. 크레파스를 주고 아동이나 청소년 자신이 생활에서 자주 느끼는 감정들을 색깔과 연결시켜 볼 수 있도록 한다. 예를 들어, '빨강-화' '파랑-슬픔' '보라-불안' 등으로 표현할 수 있는데, 큰 도화지에 각각의 색을 칠하여 감정 설명을 써 놓을 수 있다. 이후 사람의 신체 모양을 선으로 본 뜬 그림을 준 뒤 자신의 각 신체와 관련된 감정을 색으로 칠해 볼 수 있도록 한다. 예를 들어, 화가 나서 동생을 때린다면 손을 빨간색으로 칠할 수 있고, 불안감을 자주 말로 표현한다면 입은 보라색으로 칠할 수 있다. 아동·청소년이 스스로의 작품을 보면서 자신의 감정 표현 방식이 어떠한지 생각해 보게 하면서 자신의 우울감을 그러한 방식으로 표현하는 이유에 대해 탐색해 보게 한다.

동작 기억하기

몸의 움직임을 통해 정서적 활력을 주고, 즐거운 감정을 느끼게 하는 집단 활동이다. 집단원들 모두 동그랗게 모여 앉는다. 처음에는 앉아서 하지만 나중에는 서서 하게 할 수도 있다. 시작하는 사람이 간단한 몸 동작을 취하면, 다음 사람은 그 동작을 기억하여 따라하고 나서 다시 새로운 몸 동작을 하나 더 추가한다. 그다음 사람은 두 가지의 몸 동작을 기억해서 따라한 뒤 새로운 몸 동작을 추가하게 된다. 이렇게 다음 사람으로 차례가 이동할수록 기억할 몸 동작이 많아지게 된다. 처음 시작을 돌아가면서 하게 함으로써 게임의 형평성을 유지하고, 몸 동작은 간단하면서도 재미있는 것들을 시도하게 하여 분위기가 즐겁게 무르익을 수 있도록 진행하는 것이 좋다. 활동을 하면서 느낀 감정을 이야기 나눈다.

권준수 외 역(2015). 정신질환의 진단 및 통계 편람(제5판). 서울: 학지사.

김동영 외(2015). 한국 청소년의 우울증상과 부모자녀관계. 소아청소년정신의
학, 26(2), 120-128.

김지영 외(2010). 청소년의 가족 및 또래 요인이 자아존중감에 미치는 영
향. 한국가정과교육학회지, 22(1), 21-32.

김혜금 외(2016). 주 양육자의 삶의 만족도와 학령기 아동의 자아존중감과
우울간의 종단 연구. 한국보육지원학회지, 12(5), 137-155.

박인혜 외(2015). 청소년의 지각된 스트레스가 우울에 미치는 영향: 낙관
성과 정서조절능력의 매개효과를 중심으로. 학습자중심교과교육학회지,
15(2), 373-388.

박종구(2020). 가족여행이 아동학대 피해경험 청소년의 우울증상과 사회적
위축, 가족응집력, 자아존중감에 미치는 효과연구. Korean Journal of
Tourism Research, 35(4), pp. 211-234.

박현주(2014). 초등학생의 우울감과 학업성적 사이의 관련성 연구. 한국산학
기술학회논문지, 15(10), 6168-6175.

신경민(2018). 아동 · 청소년 우울증의 근거기반치료. Korean Journal of Clinical Psychology, 37(4), 595-604.

신민섭(1993). 자살 기제에 대한 실증적 연구: 자기 도피 척도의 타당화. 연세대학교 박사학위논문.

안혜진(2016). 부모의 학대 및 방임이 청소년의 우울과 학교적응 간의 종단 연구 분석. 학습자중심교과교육학회지, 16(12), 475-493

염숙경(2002). 아동상담과 놀이치료. 서울: 상조사.

오경자, 양윤란 역(2003). 소아청소년 우울척도(CES-DC).

윤은영(2019). 외국인 출신 어머니와의 관계가 다문화 아동의 우울 · 불안에 미치는 영향: 아동의 영적 안녕감의 매개효과를 중심으로. 한국사회과학연구, 38(1),107-142.

이상은 외(2021). 자살 태도, 삶의 인식, 우울이 청소년의 자살에 미치는 영향. 한국융합학회논문지, 12(7), 305-315

이윤주(2008). 청소년 자살상담. 서울: 학지사.

이정미 외(2012). 초등학생의 일상적인 스트레스와 공격성의 관계에서 정서조절 능력의 매개효과. 청소년학연구, 19(5), 93-113.

정문자 외(2009). 아동의 불안과 우울증상 및 자아존중감에 영향을 미치는 개인 및 사회적 변인. 한국아동학회지, 30(3), pp. 71-83.

조아람 외(2014). 부부갈등이 아동의 우울에 미치는 영향: 부모 통제의 매개적 역할. 아동학회지. 35(4), pp. 145-165.

최미정(2009). 아동기 학대경험과 우울 및 불안의 관계: 초기 부적응 도식의 매개 효과. 성신여자대학교.

최영희 외(2002). 아동의 우울 및 불안경향과 자아존중감 및 정서지능과의 관계. 한국가정관리학회지, 20(2), 203-214.

통계청(2020. 4. 27.). 2020 청소년 통계. https://www.kostat.go.kr/portal/korea/kor_nw/1/1/index.board?bmode=read&aSeq=381815

Beck, A., Kovacs, M., & Weissman, A. (1979). Assessment of Suicidal intention: The Scale Ideation. *Journal of Consulting and Clinical Psychology, 47*, 343-352.

Beck, A. T. (1996). 우울증의 인지치료[*Cognitive therapy of depression*] (원호택 외 역). 서울: 학지사. (원저는 1979년에 출판).

Korb, A. (2018). 우울할 땐 뇌과학[*The Upward Spiral*] (정지인 역). 서울: 심심. (원저는 2015년에 출판).

Serani, D. (2017). 우리 아이가 우울증일까[*Depression And Your Child*] (김석환 역). 서울: 티움. (원저는 2015년에 출판).

Towery, J. (2020). 중2병이 아니라 우울증입니다[*Anti-depressant book: a practical guide for teens and young adults to overcome depression and stay healthy*] (최설희 역). 경기: 뜨인돌. (원저는 2016년에 출판).

건강을 위한 발걸음(2019. 5. 23.). 부족하면 우울증의 원인이 될 수 있는 6가지 영양소. https://steptohealth.co.kr/six-nutrients-leads-depression-when-deficient/

더불어민주당 보도자료(2021. 9. 28.). 코로나 19 '우울의 늪' 빠진 10대 "청소년 정신건강 빨간불". https://blog.naver.com/shydeborah/222519695997

베이비뉴스(2021. 10. 7.). 영유아 10명 중 1~3명 정신건강 문제 있는데… '심리상담 자격증 난립' 문제. https://www.ibabynews.com/news/articleView.html?idxno=98976

월간유레카(2019. 10. 28.). 아동, 청소년 자살률 증가 4년새 55% 상승, 예방시스템은?. https://blog.naver.com/eureka_plus/221691396346

일요신문(2021. 9. 22.). '6세 아이도 스스로…' 자해·자살 연령 낮아지는데, 대책 없나. https://m.ilyo.co.kr/?ac=article view&entry_

id=380155

중앙일보(2020. 4. 27.). 청소년 우울 통계. https://news.joins.com/article/
23763872

충청리뷰(2021. 6. 9.). 아이들에게 진정한 놀이를 돌려주자. https://www.
ccreview.co.kr/news/articleView.html?idxno=311996

코메디닷컴(2015. 3. 5.). 우울증 퇴치에 도움 되는 식품 10가지. https://
kormedi.com/1213953

허프포스트코리아(2018. 7. 5.). 정신질환을 앓는 이유는 유전 때문일까?
https://www.huffingtonpost.kr/entry/mental-ilness-hereditary_
kr_5b3d9c99e4b07b827cbd5a0a?utm_id=naver

저자 소개

김유숙

일본 동경대학교 의학부 보건학박사(임상심리 전공)

현 서울여자대학교 교육심리학과 명예교수
한스카운셀링센터 책임 슈퍼바이저

이진영

서울여자대학교 교육심리학과 문학석사(상담 및 임상심리 전공)

현 한스카운셀링센터 상담연구원

| 아동과 청소년 문제해결 시리즈 8 |

 우울증이 있는 아동·청소년 · 우울한 감정으로 힘들어하는 아이를 어떻게 도울 것인가? ·

초판 1쇄 인쇄 2022년 3월 25일
초판 1쇄 발행 2022년 4월 5일

지은이 김유숙 · 이진영
발행인 김진환

발행처 이너북스   **주소** 서울특별시 마포구 양화로 15길 20 마인드월드빌딩
대표전화 02-330-5114   **팩스** 02-324-2345
출판신고 2006년 11월 13일   제313-2006-000265호
홈페이지 http://www.hakjisa.co.kr

ISBN 978-89-92654-63-0 03180

정가 12,000원

출판 · 교육 · 미디어기업 **학지사**
간호보건의학출판 **학지사메디컬** www.hakjisamd.co.kr
심리검사연구소 **인싸이트** www.inpsyt.co.kr
학술논문서비스 **뉴논문** www.newnonmun.com
교육연수원 **카운피아** www.counpia.com